Aplicaciones informáticas de bases de datos relacionales

Ofimática

Certificados de profesionalidad

 *Anagrama «LUCHA CONTRA LA PIRATERÍA», propiedad de Unión Internacional de Escritores.*

CONSEJO DE REDACCIÓN

María Mercedes Rey Botana

Mónica Alía Pulido

Cristina Monge Pascual

Elena Rubio Gallardo

ILUSTRACIÓN DE CUBIERTA

Ignacio Velasco Marugán

MAQUETACIÓN

Tirso Gustavo Miranda Álvarez

© Centro de Estudios Adams   **www.adams.es**

ISBN: 978-84-1077-052-2
Depósito legal: M-14693-2024
Editado en septiembre de 2024
Imprime: Centro de Estudios Adams. Ediciones Valbuena, S.A.
Impreso en España. Printed in Spain

Presentación

Comprometidos por ofrecer una propuesta formativa ajustada a las necesidades de la sociedad y del mercado de trabajo, Grupo ADAMS presenta este curso de **Aplicaciones Informáticas de Bases de Datos Relacionales** desarrollado conforme a los nuevos **Certificados de Profesionalidad** y, por tanto, vinculado al **Catálogo Nacional de Cualificaciones**. De esta manera, es posible obtener la acreditación oficial, con validez en todo el territorio nacional, de estar en posesión de las aptitudes y conocimientos que permiten un óptimo desempeño profesional, una vez superadas las pruebas establecidas al efecto.

Esta **Unidad Formativa**, con una duración asociada de 50 horas, forma parte del **Módulo Transversal de Ofimática (MF0233_2)**, perteneciente a la familia de Administración y Gestión.

En la elaboración de los contenidos hemos pretendido garantizar la **adquisición, mejora y actualización de las competencias profesionales** requeridas en el mercado laboral, así como fomentar el **aprendizaje**.

Para conseguir tal objetivo, cada unidad didáctica presenta la siguiente estructura:

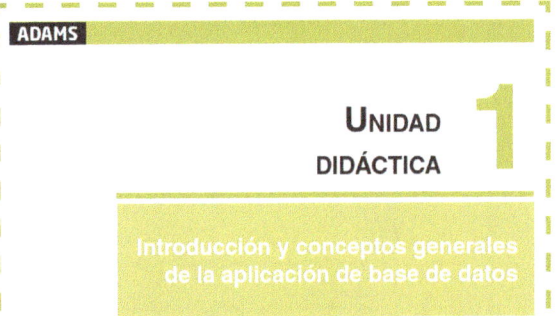

ADAMS

UNIDAD DIDÁCTICA 1

Introducción y conceptos generales de la aplicación de base de datos

Título

Según el programa oficial publicado en el BOE.

Objetivos

Al comienzo de la unidad didáctica, identifican las capacidades que podrás adquirir.

Objetivos

☐ Describir las prestaciones, procedimientos y asistentes de los programas que manejan bases de datos relacionales, refiriendo las características y utilidades relacionadas con la ordenación y presentación de tablas, y la importación y exportación de datos.

Índice de contenidos

Proporciona una visión general del contenido, enumerando todos los aspectos que se desarrollan en la Unidad Didáctica.

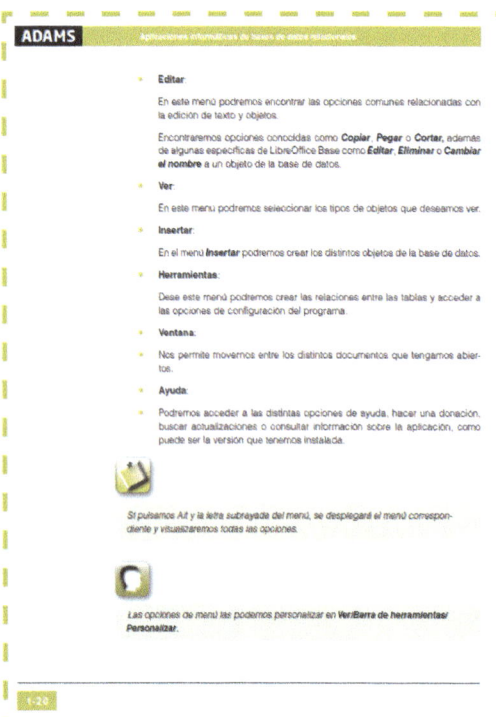

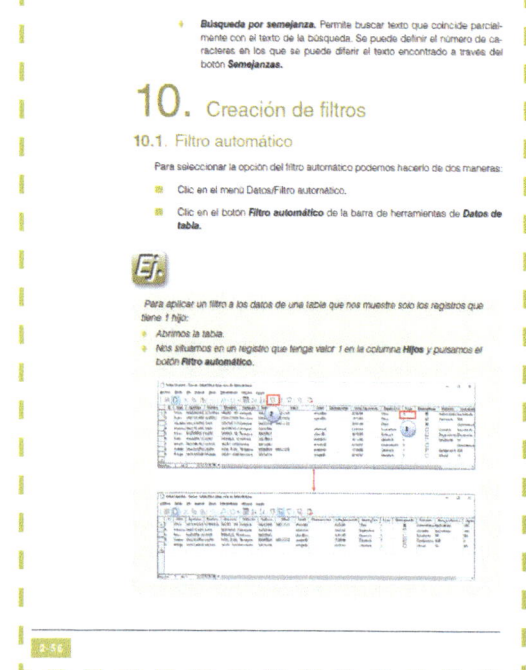

Exposición y desarrollo

Del contenido del programa oficial, con notas destacadas al margen, como "Definición", "Recuerda", "Información"…

Ejemplos y Actividades

Interrelacionados con los contenidos estudiados y que aportan una visión práctica de la materia.

Unidad 3

1. ¿Qué función posee el campo clave de una tabla?:

a) Hacer que el campo sea obligatorio.
b) Hacer que el campo sea irrepetible.
c) Son correctas a) y b).
d) Ninguna es correcta.

2. ¿Cuántas claves primarias tiene que poseer una tabla?:

a) Al menos una.
b) Dos.
c) Ninguna.
d) Ninguna es correcta.

3. ¿Cuántos índices puede tener una tabla?:

a) Obligatoriamente uno.
b) No puede no tener ninguno.
c) Puede tener todos los que queramos.
d) Ninguna es correcta.

4. Una vez terminada la estructura de una tabla, ¿es posible agregarle nuevos campos?:

a) Solo en vista Hoja de Datos.
b) Nunca, solo será posible agregar y borrar registros.
c) Siempre que entremos en vista Diseño.
d) Siempre. En cualquier vista.

5. ¿Para qué nos sirve relacionar las tablas?:

a) Para evitar duplicidad de información.
b) Para que los datos están más organizados.
c) Para minimizar el riesgo de introducir mal los registros.
d) Todas son correctas.

Autoevaluaciones

Incorporadas en los Contenidos Extra, te ayudarán a comprobar el grado de asimilación de la materia estudiada, en base a las competencias a adquirir y sus criterios de realización.

Glosario

Te ayudará a comprender mejor el significado de algunas palabras. Se incluyen en los Contenidos Extra.

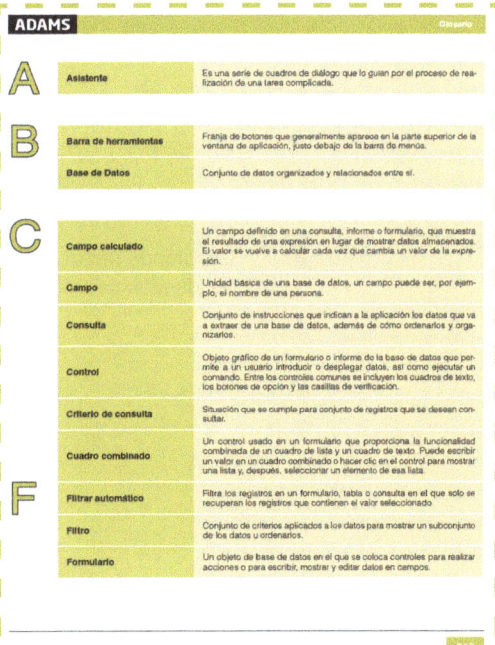

Bibliografía y Webgrafía

Para ampliar tus conocimientos en caso de considerarlo necesario. Se incluyen en los Contenidos Extra.

En nuestra página web **www.adams.es** estarás al día en cuanto a información sobre cursos, productos y servicios se refiere, además tendrás la opción de dirigirnos cualquier consulta o sugerencia a través de **adams@adams.es**

Esperando haber cumplido el objetivo propuesto, expresamos al alumno nuestros mejores deseos de éxito.

ADAMS

Índice

Iconos

 DEFINICIÓN

 IMPORTANTE

 EJEMPLO

 NOTA

 INFORMACIÓN

 RECUERDA

Familia profesional: **ADMINISTRACIÓN Y GESTIÓN**

H. Q	Módulos certificado	Correspondencia con el Catálogo Modular de Formación Profesional		
		H. CP	Unidades formativas	Horas
120	MF0233_2: Ofimática	190	**UF0319:** Sistema Operativo, Búsqueda de la Información: Internet/Intranet y Correo Electrónico	30
			UF0320: Aplicaciones Informáticas de Tratamiento de Textos	30
			UF0321: Aplicaciones Informáticas de Hojas de Cálculo	50
			UF0322: Aplicaciones Informáticas de Bases de Datos Relacionales	50
			UF0323: Aplicaciones Informáticas para Presentaciones: Gráficas de Información	30

UNIDAD DIDÁCTICA 1

Introducción y conceptos generales de la aplicación de base de datos

Objetivos

⊡ Describir las prestaciones, procedimientos y asistentes de los programas que manejan bases de datos relacionales, refiriendo las características y utilidades relacionadas con la ordenación y presentación de tablas, y la importación y exportación de datos.

Contenido

Introducción

Una base de datos es un **conjunto de datos organizado** de forma que puedan ser utilizados accediendo a la información de forma **rápida y eficaz**, resultando una herramienta muy útil para manejar grandes cantidades de información.

1. Qué es una base de datos

1.1. Introducción

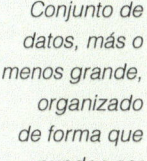

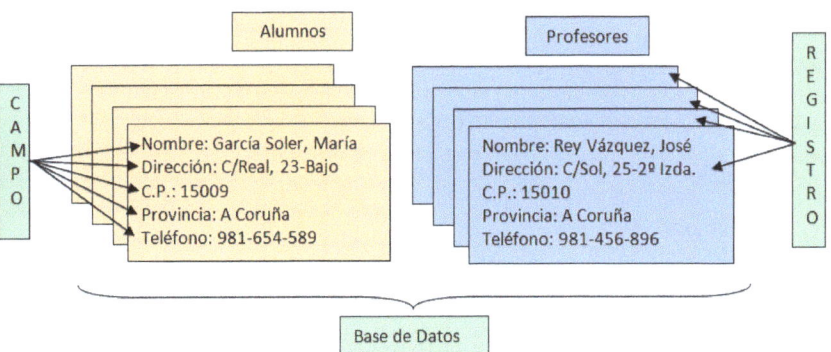

Ejemplo de base de datos

Conjunto de datos, más o menos grande, organizado de forma que puedan ser utilizados rápidamente.

- **Campo:** es el nombre de la unidad de información, cada uno de los datos contenidos en un registro.

  Por ejemplo, en una base de datos de clientes cada ficha (registro) estará formada por los datos del nombre del cliente, apellido, dirección, etc. Cada dato sería un campo.

- **Base de datos:** conjunto organizado de datos.

  Las **bases de datos relacionales** permiten agrupar los datos en varias tablas y que, posteriormente, se pueden relacionar entre ellas.

■ **Registro:** un registro es un conjunto de campos que contienen los datos que pertenecen a una misma entidad. Por ejemplo, en una base de datos que almacenamos los datos de los clientes, el registro sería la información almacenada de cada cliente. Si tenemos 20 clientes, tendríamos 20 registros.

El programa LibreOffice Base requiere que se haya instalado previamente un entorno de ejecución Java (JRE, por sus siglas en inglés).

1.2. Objetos

LibreOffice base está compuesto por los siguientes objetos:

* Tablas.

* Formularios.

* Informes.

* Consultas.

* Macros.

1.3. ¿Qué podemos hacer con LibreOffice Base?

Con LibreOffice Base podemos:

→ Crear nuevas bases de datos.

→ Definir las características de las tablas.

→ Introducir datos o importarlos de otros programas.

→ Acceder a los datos de forma que permita obtener información de los mismos.

→ Relacionar tablas para obtener datos cruzados.

→ Presentar los datos de forma atractiva y práctica con formularios e informes.

→   Facilitar la grabación de datos.

→   Automatizar tareas de trabajo cotidiano.

2. Entrada y salida de la aplicación de base de datos

LibreOffice Base se puede iniciar de varias formas:

● Desde el botón *Inicio* de la barra de tareas de Windows.

● Desde el icono de acceso directo en el escritorio.

Al arrancar la aplicación se muestra el asistente de la base de datos de LibreOffice, que nos permite crear una base de datos nueva.

Para salir de la aplicación también podemos hacerlo de varias formas:

◆ Hacer clic en el menú *Archivo/Salir de LibreOffice*.

◆ Pulsar en el botón *Cerrar* de la barra de título.

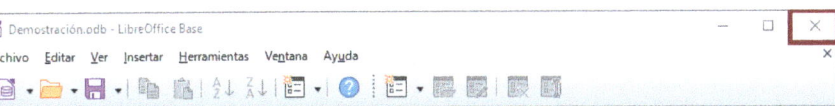

Botón cerrar

◆ Pulsar la combinación de teclas Ctrl + Q.

3. La ventana de la aplicación de base de datos

3.1. Introducción

Después de crear o abrir una base de datos, se nos mostrará la pantalla principal de la aplicación:

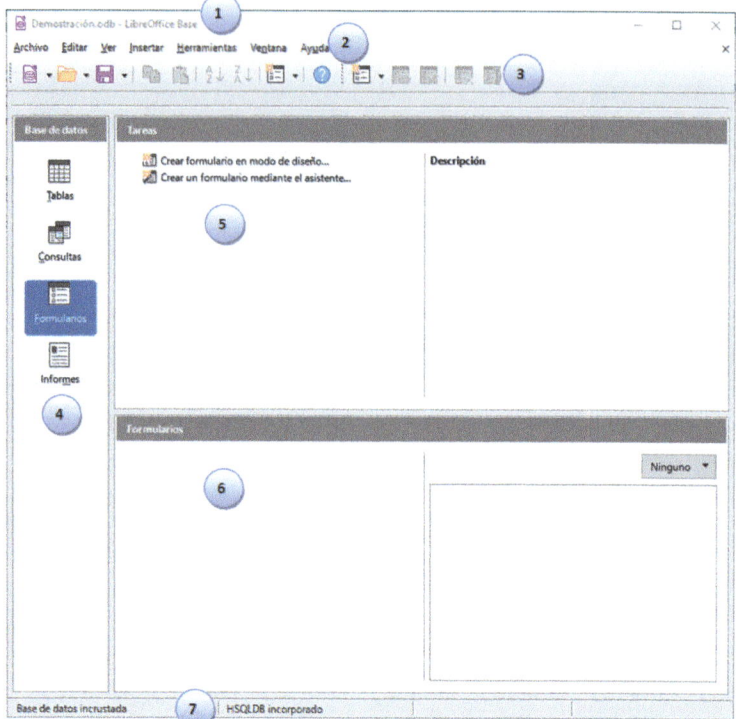

Pantalla principal

1.   Barra de título.

2.   Barra de menú.

3.   Barra de herramientas.

4.   Objetos de la base de datos.

5.   Tareas con el objeto seleccionado.

6.   Objetos creados del tipo seleccionado.

7.   Barra de estado.

3.2. Barra de título

Barra de título

- **Icono de control:** si hacemos clic sobre él, se despliegan una serie de opciones para el control de la ventana.

- **Nombre de la base de datos**: al crear una base de datos nueva en Base, el nombre que tiene por defecto es *Base de datos nueva*. Pero podemos indicar otro al guardarla.

- **Botones del control de ventana**: nos permiten minimizar, maximizar o restaurar y cerrar.

Para activar el icono de control de la ventana con el teclado pulsamos la combinación de teclas Alt + Barra espaciadora.

3.3. Barra de menú

Barra de menús

- **Archivo**: como en la mayoría de las aplicaciones, en este menú podremos acceder a las opciones relacionadas con la gestión de archivos, como son *Abrir*, *Guardar* o *Cerrar*, además de otras específicas como la de los *Asistentes*.

- **Editar**: en este menú podremos encontrar las opciones comunes relacionadas con la edición de texto y objetos.

Encontraremos opciones conocidas como **Copiar**, **Pegar** o **Cortar,** además de algunas específicas de LibreOffice Base como **Editar**, **Eliminar** o **Cambiar el nombre** a un objeto de la base de datos.

* **Ver**: en este menú podremos seleccionar los tipos de objetos que deseamos ver.

* **Insertar**: en el menú **Insertar** podremos crear los distintos objetos de la base de datos.

* **Herramientas**: desde este menú podremos crear las relaciones entre las tablas y acceder a las opciones de configuración del programa.

* **Ventana**: nos permite movernos entre los distintos documentos que tengamos abiertos.

* **Ayuda**: podremos acceder a las distintas opciones de ayuda, hacer una donación, buscar actualizaciones o consultar información sobre la aplicación, como puede ser la versión que tenemos instalada.

Si pulsamos Alt y la letra subrayada del menú, se desplegará el menú correspondiente y visualizaremos todas las opciones.

*Las opciones de menú las podemos personalizar en **Ver/Barra de herramientas/Personalizar**.*

3.4. Barra de herramientas

Las barras de herramientas disponen de una serie de botones que nos permiten acceder a las funciones más comunes sin tener que recurrir a los menús.

La barra de herramientas que, por defecto, aparece en la ventana de LibreOffice Base es la barra de herramientas estándar. Esta barra se muestra siempre, independientemente del tipo de objetos que tengamos seleccionado:

Barra de herramienta estándar

Dependiendo del objeto que tengamos seleccionado (tabla, consulta, formulario o informe) se activarán las barras de herramientas específicas de esos objetos.

Barra de herramientas tabla

Barra de herramientas consulta

Barra de herramientas formulario

Barra de herramientas informe

*Las barras de herramientas las puedes activar o desactivar en **Ver/Barra de herramientas** y para personalizarlas en **Ver/Barra de herramientas/Personalizar**.*

3.5. Objetivos

En la parte izquierda de la ventana de LibreOffice Base tenemos acceso a los distintos objetos de la base de datos.

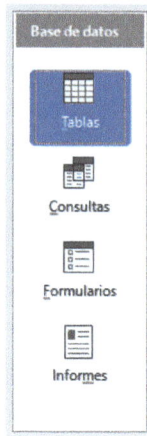

Parte izquierda de la ventana de Base

3.6. Tarea

En la parte central se nos muestran las diversas acciones que podemos realizar con el objeto seleccionado.

En la parte izquierda nos aparecen las acciones de las tareas que podemos realizar y en la parte derecha una pequeña descripción de la tarea seleccionada.

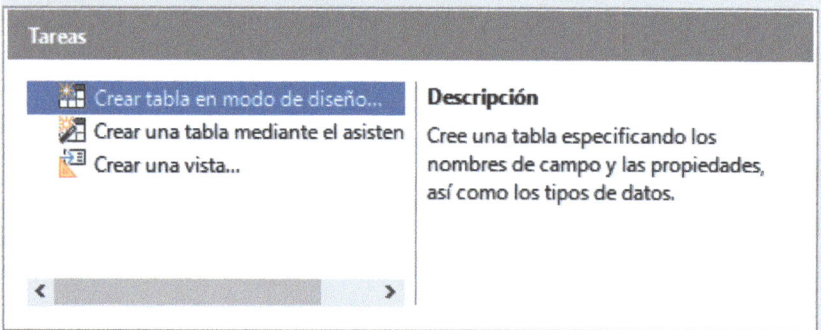

Tareas

3.7. Objetos creados

En la parte inferior se muestran los objetos creados.

En la parte izquierda se visualiza el nombre del objeto y en la parte derecha podemos visualizar su contenido sin necesidad de tener que abrir el objeto (tabla, consulta, informe o formulario).

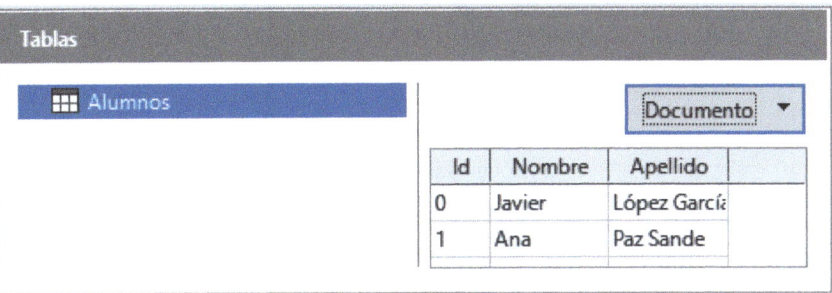

Tablas

3.8. Barra de estado

En la parte inferior de la ventana se muestra la barra de estado, que nos muestra información sobre el tipo de base de datos creada y el motor de base de datos utilizado para crear la base de datos.

Barra de estado

4. Elementos básicos de la base de datos

→ **Tablas**

Es el objeto más importante de una base de datos, ya que es la que contiene la información que después es utilizada por el resto de objetos.

Una tabla es similar en apariencia a una hoja de cálculo de Calc, en la que los datos aparecen colocados en filas y columnas.

Una sola base de datos puede contener numerosas **tablas**. Cada una de esas tablas puede, a su vez, contener gran cantidad **registros y campos**.

Se crean diferentes tablas, no solo para almacenar información diferente, sino para evitar repetir un mismo dato en la misma tabla. Luego se pueden relacionar las tablas para presentar la información deseada.

A las filas se las denomina **registros**. Cada registro contiene toda la información relativa a un elemento determinado (en el caso de una tabla de libros, el registro contendría toda la información relativa a un libro determinado).

→ **Vistas o Consultas**

Mediante las consultas podremos acceder a los datos almacenados en las tablas. Permiten seleccionar parte de la información, enlazando tablas y filtrando los registros que se quieren utilizar.

Las consultas constituyen la herramienta más importante para acceder a la información de las bases de datos.

→ **Formularios**

Con los formularios se crean pantallas para visualizar y trabajar con los datos de forma visual, sencilla y eficaz.

Los formularios se utilizan tanto para grabar datos en las tablas, permitiendo grabar datos en varias tablas a la vez, sin que el usuario conozca la complejidad de la tarea realizada, como para visualizar los datos seleccionados.

A los formularios se les puede añadir todo tipo de controles y objetos que permiten realizar funciones, como moverse de un registro a otro, añadir, modificar o eliminar registros, seleccionar los registros que se van a presentar, etc.

→ **Informes o reports**

Los informes permiten obtener copia en papel de todos o parte de los registros contenidos en una tabla. Es la forma de agrupar y resumir la información, organizándola de manera que ayude en la toma de decisiones. Existen infinitas formas de presentar los datos en papel: formularios, fichas, etiquetas, cartas comerciales, etc.

→ **Macros**

Constituyen una forma de automatizar tareas repetitivas cuando se trabaja con una base de datos. Es parecido a un lenguaje de programación sencillo y simple de usar que permite asignar a un control, botón o comando las tareas que se ejecutan en una base de datos de forma manual.

Las macros ahorran tiempo y errores de trabajo, ya que una vez creadas se ejecutan siempre de la misma forma.

En LibreOffice Base no se considera un objeto de la base de datos, pero es un elemento que ayuda a que la base de datos esté más automatizada y personalizada.

5. Distintas formas de creación de una base de datos

Una base de datos LibreOffice Base es el fichero que agrupa o contiene el resto de objetos (tablas, informes, consultas…) que componen una base de datos.

Cuando ejecutamos la aplicación nos aparece un asistente desde el que podemos crear la base de datos:

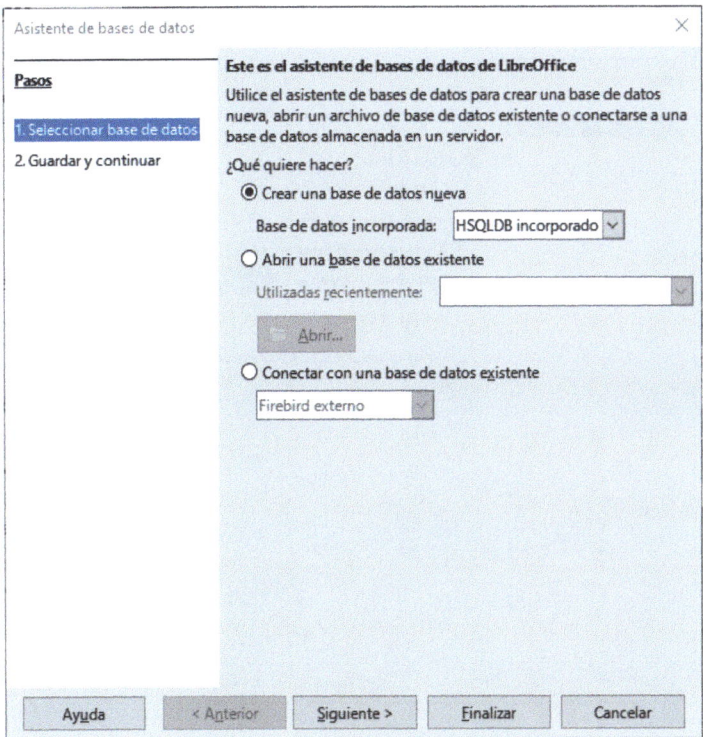

Asistente de base de datos

6. Apertura de una base de datos

6.1. Desde el asistente de la base de datos

*Al ejecutar LibreOffice desde el acceso directo o seleccionando directamente LibreOffice Base, se nos muestra el **Asistente de bases de datos.***

Para abrir una base de datos existente desde el asistente:

■ Seleccionamos la opción **Abrir una base de datos existente**.

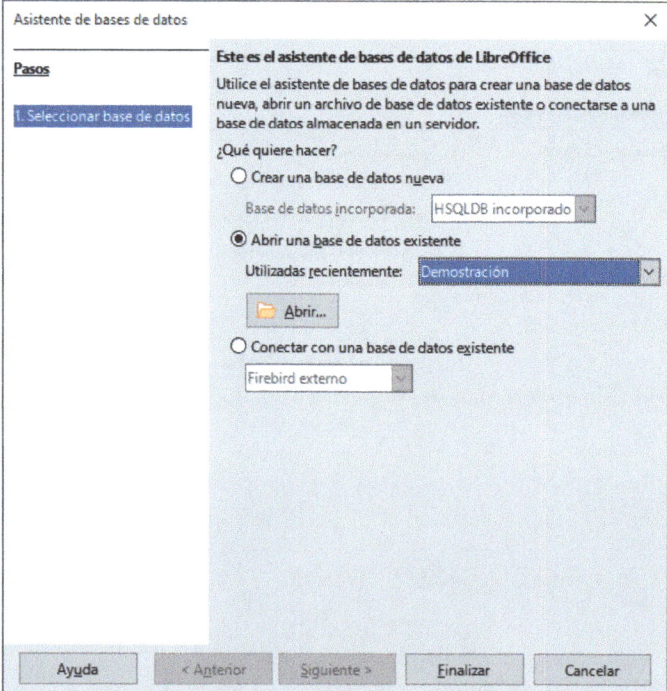

Abrir una base de datos existente

■ Pulsamos el botón **Abrir** y buscamos la base de datos.

6.2. Desde la propia aplicación

Si ya tenemos la base de datos abierta y queremos trabajar con otro fichero distinto, seguiremos los siguientes pasos:

- Clic en **Archivo**.

- Opción **Abrir**.

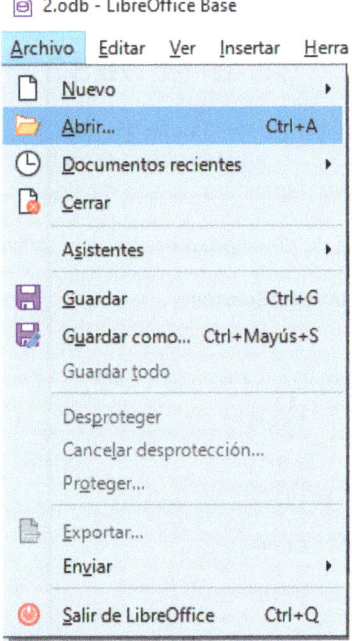

Archivo/Abrir

- Se muestra el cuadro de diálogo **Abrir**, para buscar la ubicación y el fichero de base de datos que deseamos abrir.

También podemos utilizar la combinación de teclas Ctrl + A.

6.3. Otras formas de abrir la base de datos

En la barra de herramientas estándar disponemos del botón *Abrir* , que nos mostrará el cuadro de dialogo *Abrir* para seleccionar la base de datos.

Otra posibilidad es localizar el fichero de base de datos en nuestro ordenador. Una vez localizado, hacemos un doble clic sobre el fichero y se abrirá el programa de Base con el fichero de la base de datos sobre el que hemos realizado un doble clic.

7. Guardado de una base de datos

En LibreOffice Base, el fichero de la base de datos se guarda al ser creado. Los otros objetos que son creados se guardan dentro de la base de datos. De esta forma, el cuadro de diálogo *Guardar* dependerá del tipo de objeto que se vaya a guardar.

Para guardar una base de datos podemos hacerlo de varias maneras:

* Desde el menú *Archivo/Guardar*.

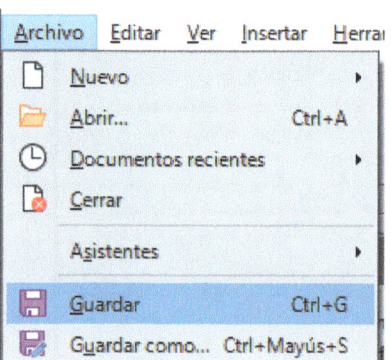

Archivo/Guardar

* Utilizando el botón *Guardar* de la barra de herramientas estándar.

* Pulsando la combinación de teclas Ctrl + G.

La opción Guardar como del menú Archivo permite guardar la base de datos con otro nombre.

Para acceder a la opción Guardar como podemos pulsar en el triángulo que está a la derecha del botón Guardar de la barra de herramientas o pulsar la combinación de teclas Ctrl + Mayús + S.

Desplegable del botón Guardar

8. Cierre de una base de datos

Cuando se hayan concluido las tareas con Base podemos cerrarlo de varias maneras:

* Pulsando en el icono **Cerrar** de la barra de título.

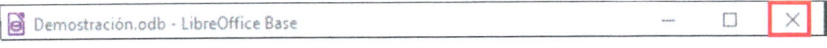

Icono Cerrar

→ Haciendo clic en **Archivo/Salir de LibreOffice**.

→ Pulsando la combinación de teclas Ctrl + Q.

En el caso de que la base de datos no estuviera guardada, se visualizará el cuadro de mensaje ¿Quiere guardar el documento?

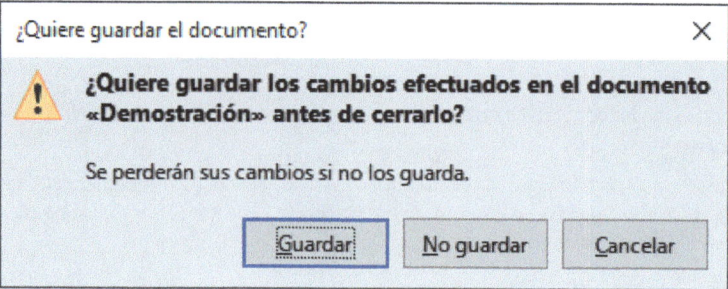

Cuadro de diálogo para guardar el documento

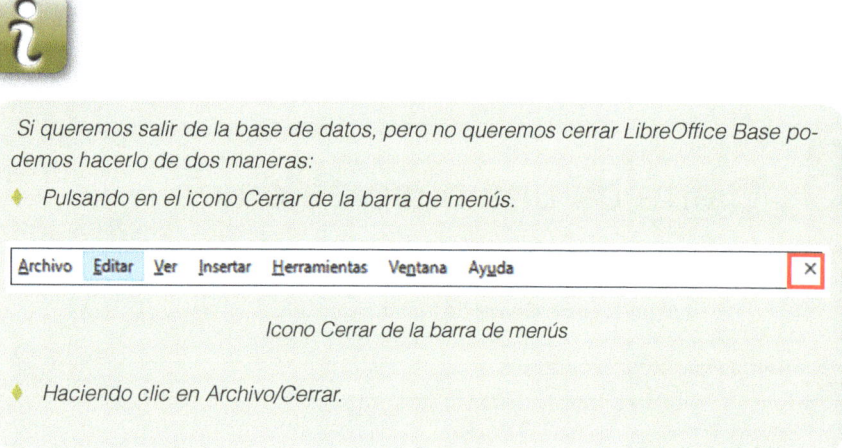

Si queremos salir de la base de datos, pero no queremos cerrar LibreOffice Base podemos hacerlo de dos maneras:

◆ *Pulsando en el icono Cerrar de la barra de menús.*

| Archivo | Editar | Ver | Insertar | Herramientas | Ventana | Ayuda | × |

Icono Cerrar de la barra de menús

◆ *Haciendo clic en Archivo/Cerrar.*

9. Copia de seguridad de la base de datos

9.1. Crear una copia de respaldo

Para crear una copia de seguridad de nuestra base de datos, realizamos los siguientes pasos:

■ Hacemos clic en *Herramientas*.

■ Seleccionamos *Opciones*.

▨ Desplegamos *Cargar/Guardar*.

▨ Seleccionamos *General*.

▨ Hacemos clic en la casilla *Crear* siempre copia de respaldo.

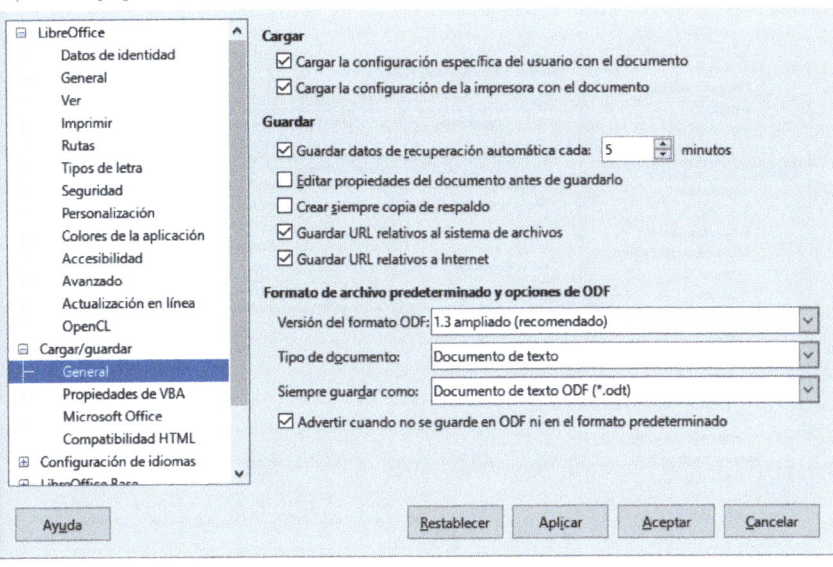

Cuadro de diálogo Opciones

Para saber la carpeta en la que se guardan las copias de respaldo o si deseamos cambiar esa carpeta por otra ubicación hacemos clic en **Herramientas/Opciones/ LibreOffice/Rutas**.

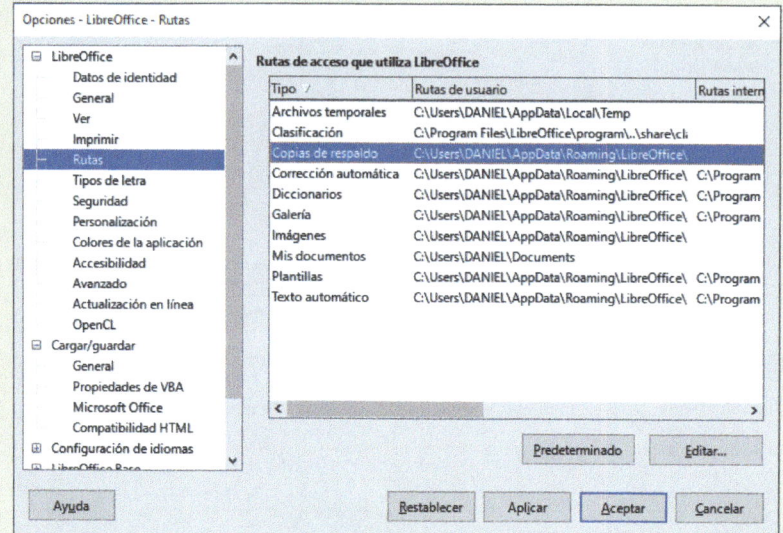

Cuadro de diálogo Opciones

Si deseamos cambiar la ubicación de las copias de respaldo pulsamos en el botón **Editar** y, en el cuadro de diálogo, indicamos la carpeta que deseamos establecer para las copias de respaldo.

La copia de respaldo se guarda con el mismo nombre de la base de datos, pero con la extensión .BAK. Si la carpeta en la que guardamos la copia de respaldo ya contiene un fichero con el mismo nombre, este se sobrescribe sin que se muestre ningún mensaje.

9.2.   Hacer una copia automática

Otra opción que nos facilita LibreOffice cada cierto tiempo es realizar automáticamente una copia.

Para activar y establecer el tiempo de la copia automática debemos seguir los siguientes pasos:

- Hacemos clic en *Herramientas*.

- Seleccionamos *Opciones*.

- Desplegamos *Cargar/Guardar*.

- Seleccionamos *General*.

- Hacemos clic en la casilla *Guardar datos de recuperación automática cada*.

- En la casilla minutos introducimos cada cuántos minutos deseamos hacer la copia automática.

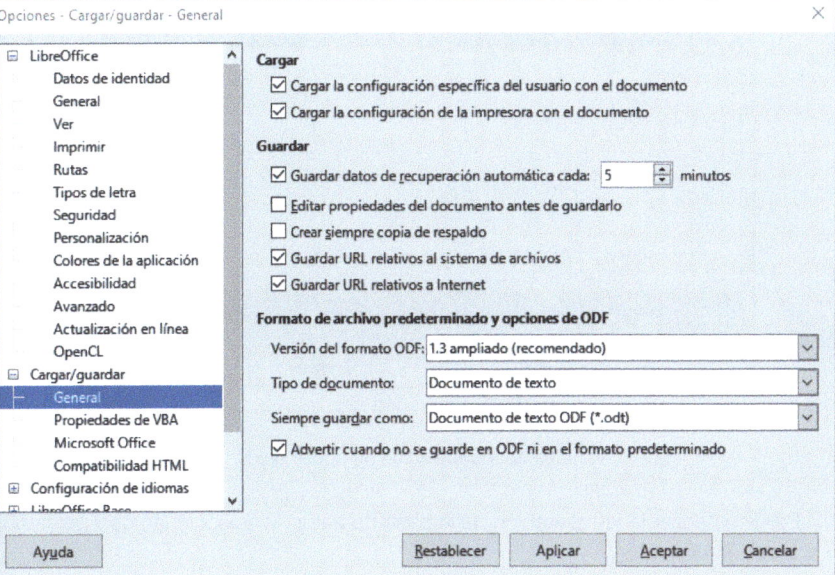

Cuadro de diálogo Opciones

9.3. Herramientas de recuperación y mantenimiento de la base de datos

Hay cambios o errores que no pueden invertirse, así que, antes de ejecutar una consulta de acción, es importante considerar la posibilidad de crear una copia de seguridad, especialmente si la consulta se va a cambiar o eliminar una gran cantidad de datos.

Si en un momento determinado se produce algún error en el fichero de la base de datos, al abrir la suite de LibreOffice, se mostrará la siguiente ventana:

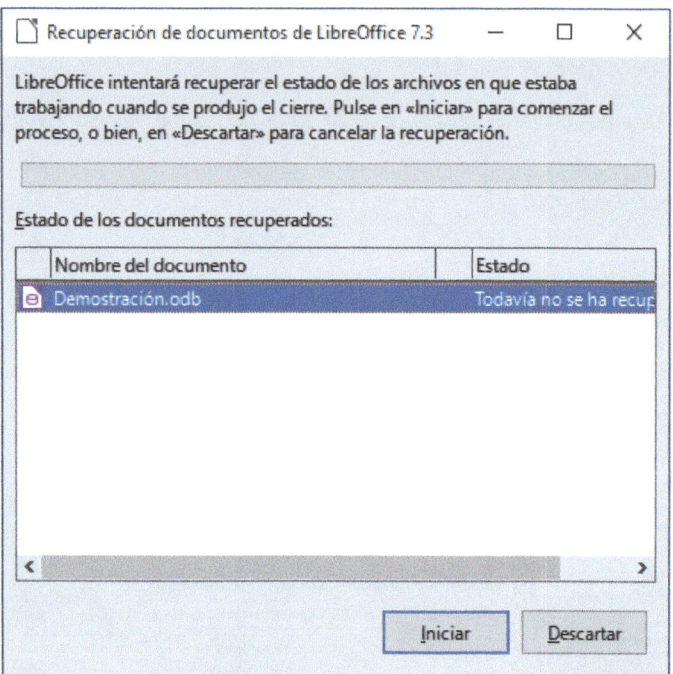

Ventana de recuperación de documentos

Para comenzar la recuperación de la base de datos, la seleccionamos y pulsamos en el botón ***Iniciar***.

Una vez finalizado el proceso, si el fichero se ha podido recuperar sin problema, se nos muestra la siguiente ventana:

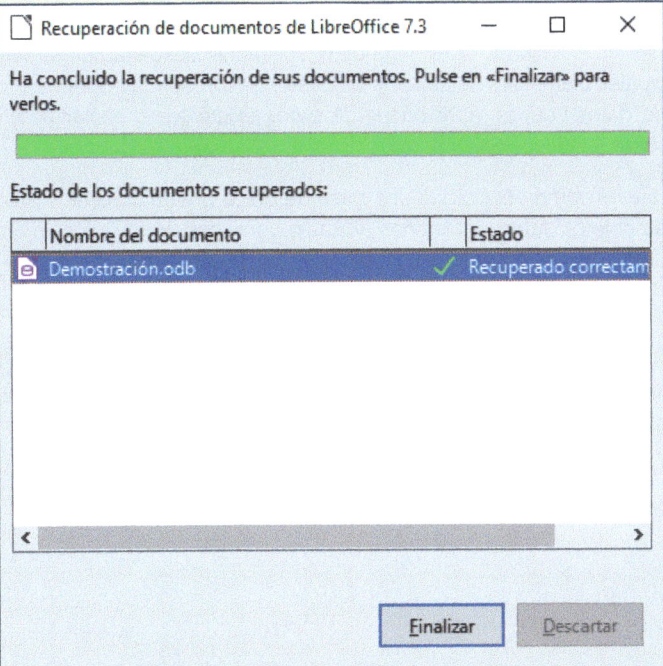

Ventana de recuperación de documentos

Resumen

A lo largo de esta unidad:

- Hemos visto que una base de datos es un conjunto de datos organizado para manejar grandes cantidades de información. El elemento básico de LibreOffice Base son las tablas.

- Hemos examinado la ventana de la aplicación desde la que se ven los principales elementos de LibreOffice Base y desde donde podemos crear bases de datos nuevas, abrir bases de datos existentes o consultar información sobre la aplicación.

- Hemos comprobado que una base de datos puede contener diversos tipos de objetos: tablas, columnas, vistas o consultas, formularios, informes o reports, macros o módulos.

- Hemos aprendido las distintas formas de creación de una base de datos.

- Hemos sido capaces de abrir, guardar, cerrar y realizar una copia de seguridad de la base de datos y copias automáticas sin olvidar las herramientas de recuperación y mantenimiento de la base de datos.

UNIDAD
DIDÁCTICA 2

Creación e inserción de datos en tablas

Objetivos

■ Utilizar las funciones de las aplicaciones informáticas de bases de datos relacionales que
permitan presentar y extraer la información.

■ Diferenciar los distintos tipos de datos que pueden ser albergados en una tabla de una base de
datos relacional, así como sus distintas opciones tanto generales como de búsqueda.

Contenido

Introducción

El empleo de LibreOffice Base requiere conocer el proceso de creación de tablas, así como el proceso de inserción de datos en las mismas.

1. Concepto de registros y campos

Registros. *A las filas se las denomina registros. Serían el equivalente a las filas de la hoja de cálculo. Cada registro contiene toda la información relativa a un elemento determinado (en el caso de una tabla de libros, el registro contendría toda la información relativa a un libro determinado).*

Columnas. *Las columnas de una hoja de cálculo equivaldrían a los campos de la tabla. Un campo de una tabla recoge la información de un tipo determinado para todos los registros de la tabla (siguiendo con el ejemplo de la tabla de libros, el campo título recogería el título de todos los libros contenidos en la tabla).*

Las tablas son los objetos de la base de datos que contiene la información, y esta está organizada en filas, que son los registros, y en columnas, que son los campos.

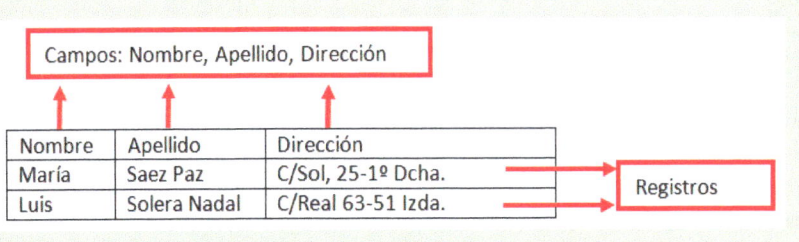

*Tabla con 2 registros (que son los proveedores) y
3 campos (nombre, apellido y dirección)*

2. Distintas formas de creación de tablas

2.1. Creación de una tabla vacía

Para crear una tabla vacía desde la ventana principal de la base de datos, en la vista diseño, pulsamos en **Tablas,** a continuación, en **Tareas,** en **Crear tabla en modo diseño.**

En la ventana de la vista diseño de la tabla creamos el campo escribiendo el nombre en la columna **Nombre del campo** y guardamos la tabla.

También podemos crear una tabla desde menú **Insertar/Diseño de tabla.**

2.2. Creación de una tabla con el asistente

Para crear una tabla con el asistente:

- Primero pulsamos en el objeto **Tablas** del apartado **Base de datos**.

- A continuación, hacemos clic en Cr**ear tabla mediante el asistente...** del apartado **Tareas**. Ahí configuramos la categoría, las tablas de muestra y los campos.

- Tras pulsar en **Siguiente** podremos establecer tipos y formatos de campos.

- En el siguiente paso del asistente debemos definir la clave principal.

- En el último paso indicaremos el nombre de la tabla.

3. Vistas de las tablas

3.1. Vista edición o diseño

Este modo sirve para trabajar con la estructura de la tabla. Se trabaja con los campos de la tabla, definiendo su nombre, tipo de datos, propiedades, etc.

Para visualizar la tabla en modo diseño hay varias posibilidades:

- Haciendo clic con el botón derecho del ratón sobre la tabla y seleccionar *Editar.*

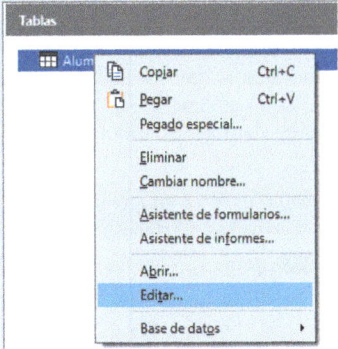

Menú contextual/Editar

■ Pulsando en el botón *Editar* de la barra de herramientas de tabla.

Botón Editar de la barra de herramientas de tabla

■ En el menú *Editar/Editar...*

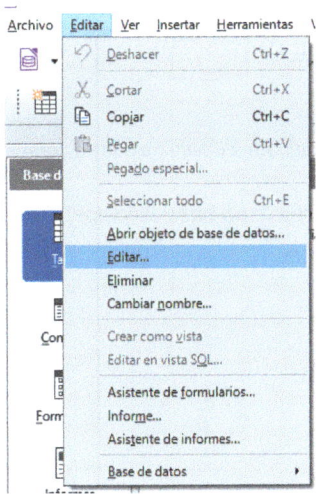

Editar/Editar

3.2. Vista abrir o vista de datos

Para ir a este modo de ver la tabla hay varias maneras:

- Hacer clic con el botón derecho del ratón sobre la tabla y seleccionar *Abrir*.

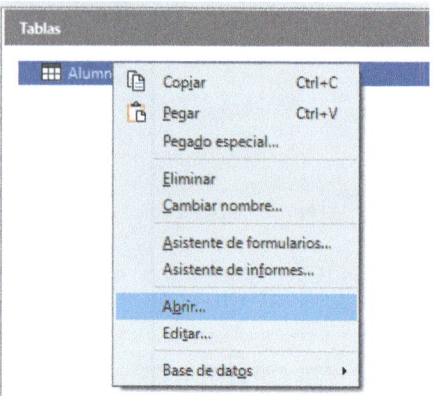

Menú contextual/Abrir

- Pulsar en el botón *Abrir objeto de base de datos* de la barra de herramientas de tabla.

Botón Abrir objeto de base de datos

- Menú *Editar/Abrir objeto de base de datos…*

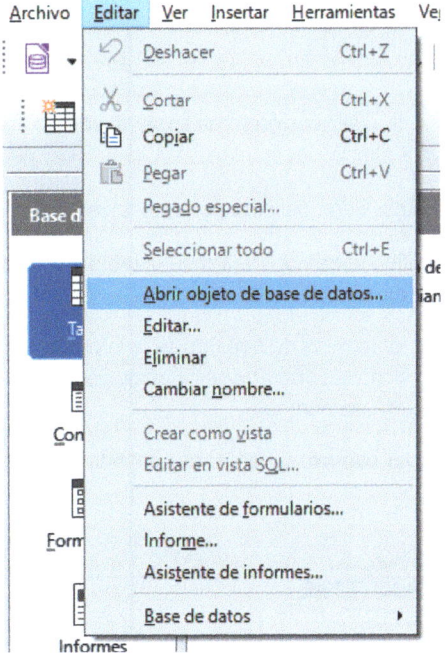

Editar/Abrir objeto de base de datos

▪ Hacer doble clic con el botón izquierdo del ratón sobre la tabla.

En este modo de visualizar una tabla se presentan todos los registros y campos de una tabla en formato tabular, similar a una hoja de cálculo.

	Id	Nombre	Apellido
▶	0	Javier	López García
	1	Ana	Paz Sande
+	<Cam		

Etiqueta

Esta vista se utiliza para trabajar con los datos contenidos en las tablas, como introducir registros, modificarlos, eliminarlos.

3.3. Elementos de una tabla

3.3.1. Introducción

En una tabla se pueden utilizar diferentes tipos de campos en función del tipo de información que se vaya a almacenar en ellos.

Un campo de una tabla viene definido por tres datos:

- **Nombre**: identifica al campo dentro de la tabla y permite acceder a la información que se almacena.

- **Tipo de datos**: determina de qué tipo es la información que se va a almacenar. Esto condiciona las operaciones y cómo se va a trabajar con la información contenida en ese campo.

- **Propiedades del campo**: sirven para concretar aspectos relacionados con el tipo de campo.

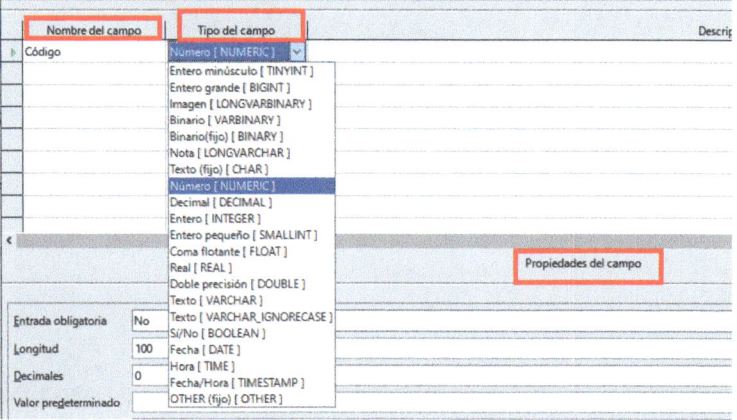

Elementos de una tabla

El primer aspecto a tener en cuenta a la hora de elegir qué tipo de dato corresponde a un campo es la información que se va a almacenar en él.

Si la información es de tipo numérico, pero no se va a realizar ninguna operación con ella, el mejor tipo es el de **Texto**.

Si la información está formada por fechas u horas, lo mejor es escoger un campo de tipo **Fecha/Hora**.

3.3.2. Alfanuméricos

Se utilizan para almacenar datos que pueden contener letras, números y caracteres especiales.

Los números no pueden ser utilizados para operaciones matemáticas, son tratados como un carácter más.

Dentro de los campos alfanuméricos tenemos los siguientes tipos de campo:

* **Texto (fijo) [CHAR]**

  Texto de tamaño fijo, de acuerdo con el número de caracteres especificados.

  Texto de hasta 255 caracteres.

  Se suele utilizar para campos como, por ejemplo, nombre, apellido, etc.

* **Texto [VARCHAR]**

  Texto de tamaño variable.

  Texto de hasta 32.700 caracteres.

  Se suele utilizar para campos como observaciones, notas, etc.

* **Texto [VARCHAR_IGNORECASE]**

  Texto de tamaño variable que no diferencia entre mayúsculas y minúsculas.

* **Nota [LONGVARCHAR]**

  Campo para texto muy grande, hasta ocupar máximo 2 GB en su almacenamiento.

  Se suele utilizar para campos con textos muy largos.

3.3.3. Numéricos

Se utilizan cuando la información que va a contener va a formar parte de cálculos matemáticos.

Dentro de los campos numéricos tenemos los siguientes tipos de campo:

→ **Entero minúsculo (TINYINT)**

Permite valores enteros comprendidos entre -128 e 127.

→ **Número (NUMERIC)**

Permite introducir números con cifras decimales y solo trabaja con los decimales definidos.

Se pueden definir hasta 18 decimales.

→ **Decimal (DECIMAL)**

Permite introducir números con cifras decimales y puede trabajar con más decimales de los definidos.

→ **Entero (INTEGER)**

Permite introducir números enteros, positivos o negativos comprendidos entre 2.147.483.648 y 2.147.483.647.

→ **Entero pequeño (SMALLINT)**

Permite introducir números enteros, positivos o negativos comprendidos entre -32.768 y 32.767.

→ **Coma flotante (FLOAT)**

Tipos de número en punto flotante de precisión simple.

Permite una precisión de hasta 7 dígitos.

→ **Real (REAL)**

Es el tipo numérico en punto flotante.

→ **Doble precisión (DOUBLE)**

Tipos de número en punto flotante de precisión doble.

Permite una precisión de hasta 14 dígitos.

Los más utilizados son el entero (INTERGER), sino necesitamos valores numéricos con decimales, y el número (NUMERIC), si necesitamos introducir valores numéricos con decimales.

3.3.4. Fecha y hora

Estos campos nos permiten almacenar fechas y horas y, al igual que en la hoja de cálculo, se pueden utilizar para realizar cálculos.

Dentro de los campos fecha y hora tenemos los siguientes tipos de campo:

- **Fecha (DATE)**

    Permite almacenar valores de fechas (día, mes y año).

    Se suelen utilizar para campos como fecha de nacimiento, fecha de compra, etc.

- **Hora (TIME)**

    Permite almacenar valores de horas (hora, minuto y segundo).

    Se suelen utilizar para campos como hora de entrada, hora de salida, etc.

    - **Fecha /Hora (TIMESTAMP)**

    Permite almacenar valores de fecha y hora en el mismo campo.

LibreOffice Base almacena tanto los valores de fecha y de hora como valores numéri-cos. Por ello, podemos utilizarlos para realizar cálculos matemáticos.

3.3.5. Especiales

Podemos englobar en esta clasificación aquellos tipos de campos que no son alfanuméricos, ni numéricos, ni de fecha/hora.

Dentro de los campos especiales tenemos los siguientes tipos de campo:

- **Imagen (LONGVARBINARY)**

    Permite almacenar objetos OLE, imágenes, vídeos, etc.

- **Sí/No (BOOLEAN)**

    Se utilizan cuando la información que se va a almacenar es del tipo verdade-ro o falso, sí o no.

    En estos casos, elegir este tipo de campo, facilita mucho el trabajo.

◆ **OTHER (fijo) [OTHER]**

Se utilizan sobre todo para almacenar objetos Java.

3.4. Propiedades de los campos

Una vez tenemos insertados los nombres de los campos y el tipo de campo asignado a cada uno de ellos, según el tipo de información que insertaremos en cada campo, le podemos definir una serie de propiedades.

Las propiedades de los campos no son las mismas para todos los tipos de campos, por ejemplo, para los campos numéricos tendremos una propiedad para definir los decimales, pero esa propiedad no se mostrará en los campos que sean alfanuméricos.

En la parte inferior de la vista diseño de la tabla podremos definir esas características.

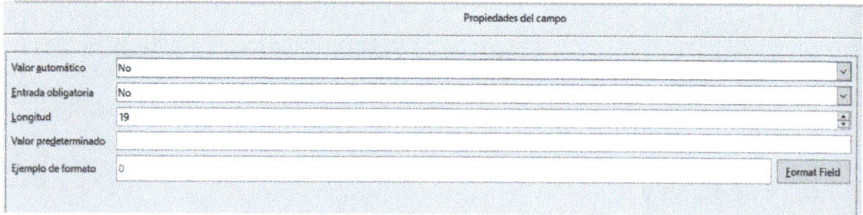

Propiedades del campo

◆ **Valor automático**: en un campo autonumérico, esta propiedad determina si el valor del campo se incrementa linealmente o de forma aleatoria.

Esta propiedad solo aparece para los tipos de campos ***Entero grande*** o ***Entero***.

◆ **Entrada obligatoria:** esta propiedad tiene dos valores, ***Sí*** y ***No.***

El valor ***Sí*** indica que es obligatorio incluir un dato en dicho campo, no se pueden introducir valores nulos. Al definir un campo como "clave principal" tendrá definida esta propiedad en ***Sí.***

◆ **Longitud:** esta propiedad permite el número máximo de cifras o caracteres.

◆ **Valor predeterminado**: el valor introducido en esta propiedad se incluye automáticamente en un campo cada vez que se añade un nuevo registro. El usuario puede aceptar este valor o cambiarlo.

◆ **Ejemplo de formato**: esta propiedad nos permite dar formato al campo. Se suele utilizar con los campos tipo *Fecha*, *Hora* y *Números*, pudiendo indicar el formato en el que deseamos visualizar la fecha o para definir a un campo numérico el símbolo de la moneda.

4. Introducción de datos en la tabla

Una vez definida la estructura de una tabla (aunque no sea de forma definitiva), se pueden empezar a rellenar los campos.

Para introducir datos en una tabla es preciso cambiar al modo *Vista de datos:*

■ Pulsando en el botón *Abrir objeto de base de datos…* de la barra de herramientas de tabla.

■ Haciendo clic con el botón derecho del ratón encima de la tabla y seleccionando *Abrir*.

■ O haciendo un doble clic con el botón izquierdo del ratón encima del nombre de la tabla.

Id	Nombre	Apellido
▶ 0	Javier	López García
1	Ana	Paz Sande
＋ <Campo automático>		

Ejemplo de vista de datos

Los pasos para insertar datos en una tabla son los siguientes:

∗ Abrimos la tabla haciendo doble clic encima del nombre con el botón izquierdo del ratón.

✳ Si la tabla no tiene datos, en la primera fila se nos muestran los campos de la tabla y debajo, en la segunda, introducimos el primer registro de la tabla.

	ID	Nombre	Apellido
▷+			

Tabla sin datos

✳ Una vez insertado el dato en el primer campo, pulsamos la tecla Tab, la tecla Intro o las flechas de dirección para pasar al siguiente. Introducimos el dato en el segundo campo y repetimos los pasos para ir rellenando la tabla.

✳ Una vez ya tenemos introducida la información cerramos la tabla pulsando el botón de cerrar de la barra de título o hacemos clic en *Archivo/Cerrar*.

Los datos se guardan automáticamente al pasar a otro registro o al cerrar la tabla.

5. Movimientos por los campos y registros de una tabla

Para movernos en los **campos** podemos utilizar:

▨ La tecla Tab.

Tecla Tab

▨ Las teclas de dirección.

Teclas de dirección

■ La tecla Intro.

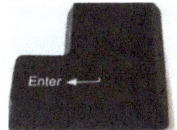

Tecla Intro

La combinación de teclas Mayús + Tab nos permite movernos al campo anterior.

Para movernos por los registros disponemos de la **barra de navegación**, que tenemos en la parte inferior.

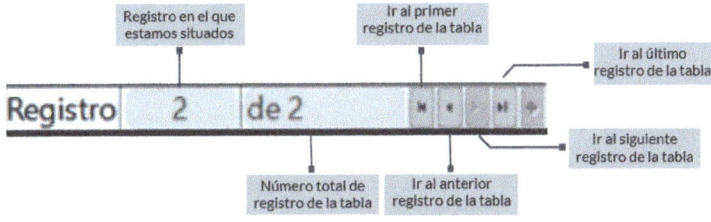

Barra de navegador

6. Eliminación de registros de una tabla

Para eliminar un registro podemos realizarlo de tres formas:

◆ Nos situamos en cualquier campo del registro que deseamos eliminar y seleccionamos la opción *Editar/Eliminar*.

◆ Pulsando en el selector de registro (cuadrado de color gris que tenemos en la parte izquierda) con el botón derecho del ratón y seleccionando *Eliminar filas* en el menú de contexto.

◆ Seleccionando el registro que deseamos eliminar en el selector de registro y pulsando la tecla Suprimir.

Independientemente de la forma en que eliminemos el registro, se nos mostrará un cuadro de diálogo para solicitar la confirmación.

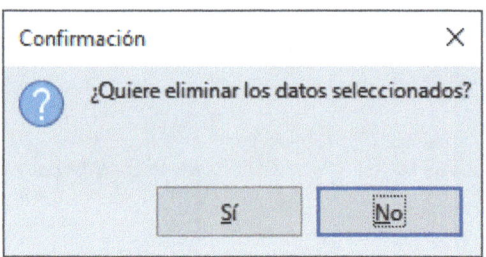

Cuadro de diálogo Confirmación

*Dado que toda la base de datos se guarda en un solo archivo, debe tenerse en cuenta que **un registro eliminado no puede recuperarse.***

7. Modificación de los registros de una tabla

Para modificar los registros de una tabla debemos seguir los siguientes pasos:

✳ Abrimos la tabla haciendo un doble clic sobre ella con el botón izquierdo del ratón.

✳ Al abrir la tabla, LibreOffice Base se coloca en el primer registro de la tabla y en el primer campo de ese registro.

* Si no es el primer registro el que deseamos modificar, nos movemos al registro en el que queramos efectuar el cambio.

LibreOffice Base graba automáticamente los cambios cuando se active otro registro.

Si deseamos guardar los cambios sin tener que ir a otro registro podemos utilizar el botón de la barra de herramientas **Guardar registro actual***.*

Si realizamos un cambio por error, equivocación o decidimos cambiar de opinión, podemos deshacer el cambio pulsando en el botón deshacer de la barra de herramientas ↩ *.*

8. Copiado y movimiento de datos

Para copiar o mover los datos de una base de datos:

→ Seleccionamos los registros que se quieren copiar o mover.

→ Clic en **Copiar** o **Cortar** o la combinación de teclas Ctrl + C o Ctrl + X.

→ Colocamos el punto de inserción dentro del campo en el que deseamos copiar o mover los datos y seleccionamos la opción **Pegar** o la combinación de teclas Ctrl + V.

9. Búsqueda y reemplazo de datos

Para buscar datos en una tabla tenemos que acceder al cuadro de diálogo **Buscar registro** al que podemos acceder de varias formas:

■ Desde el menú *Editar/Buscar registro.*

■ A través del botón de la barra de herramientas *Buscar registro* .

■ Con la combinación de teclas Ctrl + F.

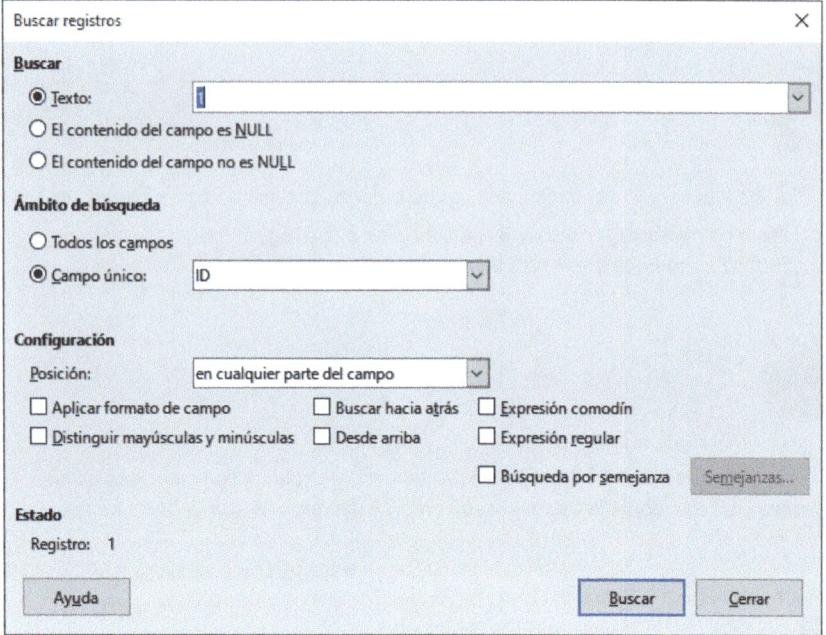

Buscar registros

- **Buscar:** introducimos la cadena de texto a buscar.

  También podemos seleccionar:

  - ***El contenido del campo es NULL.*** Si marcamos esta opción nos buscará los campos que no tengan datos.

  - El contenido del campo no es ***NULL***. Si macamos esta opción nos buscará los campos que contengan datos.

- **Ámbito de búsqueda:** en este apartado especificaremos el lugar en el que tiene que realizar LibreOffice la búsqueda.

  Por defecto, cuando entramos en la opción de buscar, LibreOffice Base realiza la búsqueda en el campo que tengamos como campo activo. Si no es ese el campo en que queremos buscar, desplegamos la lista ***Campo único*** y seleccionamos el campo para la búsqueda.

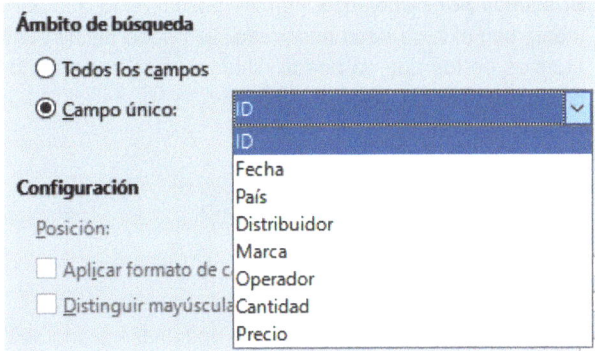

Desplegable Campo único

Si deseamos buscar en todos los campos de la tabla, seleccionamos la opción **Todos los campos.**

● **Configuración**

♦ **Aplicar formato de campo.** Especifica que se tengan en cuenta todos los formatos de campo al examinar en el documento actual.

♦ **Distinguir mayúsculas y minúsculas.** Si la casilla está desactiva, no distingue entre mayúsculas y minúsculas. Si está activada encontrara la cadena de texto tal cual este escrita, teniendo en cuenta las mayúsculas y minúsculas.

♦ **Buscar hacia atrás.** Busca hacia atrás desde la posición en la que estemos. Por defecto busca desde la posición del campo activo hacia a delante.

♦ **Desde arriba**. Busca hacia delante desde la posición en la que estemos. Por defecto busca desde la posición del campo activo hacia abajo.

♦ **Expresión comodín.** Podemos utilizar los caracteres comodín, que son la interrogación de cerrar "?" y el asterisco "*", para sustituir ciertos caracteres en la expresión del texto a buscar. La interrogación sustituye a un solo carácter, mientras que el asterisco sustituye a un conjunto de caracteres.

♦ **Expresión regular.** La búsqueda a través de las expresiones regulares ofrece mayores posibilidades que la búsqueda con los comodines (?,*), aunque en la mayoría de los casos podremos solucionar con los comodines las expresiones regulares permiten mayor flexibilidad.

♦ **Búsqueda por semejanza.** Permite buscar texto que coincide parcialmente con el texto de la búsqueda. Se puede definir el número de caracteres en los que se puede diferir el texto encontrado a través del botón *Semejanzas*.

10. Creación de filtros

10.1. Filtro automático

Para seleccionar la opción del filtro automático podemos hacerlo de dos maneras:

- ■ Clic en el menú *Datos/Filtro automático*.

- ■ Clic en el botón *Filtro automático* de la barra de herramientas de *Datos de tabla*.

Para aplicar un filtro a los datos de una tabla que nos muestre solo los registros que tiene 1 hijo:

♦ *Abrimos la tabla.*

♦ *Nos situamos en un registro que tenga valor 1 en la columna **Hijos** y pulsamos el botón **Filtro automático**.*

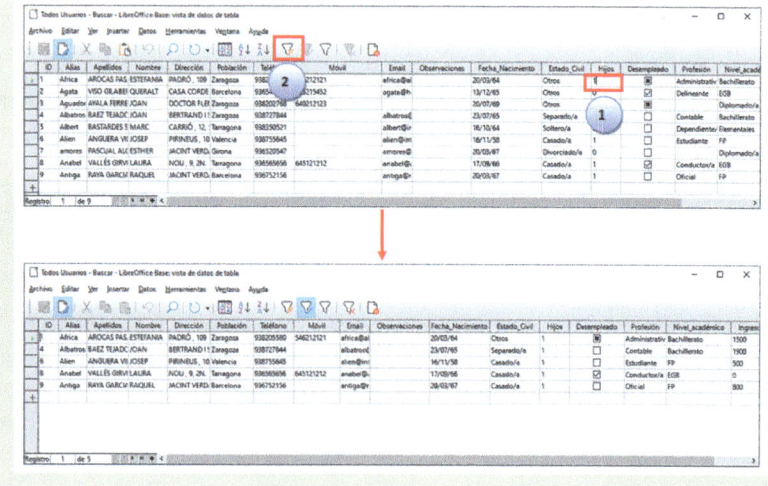

10.2. Filtro estándar

Este tipo de filtro ofrece muchas más posibilidades a la hora de establecer las condiciones del filtro y el orden de presentación de los datos.

Para aplicar el filtro estándar podemos hacerlo de dos maneras:

- Haciendo clic en el menú *Datos/Filtro estándar*.

- Haciendo clic en el botón *Filtro estándar* de la barra de herramientas *Datos de tabla*.

Vamos a aplicar un filtro estándar dentro de la una tabla con los ingresos mensuales de un listado de trabajadores para que nos muestre los registros que tengan unos ingresos mayores o iguales a 1000. Para ello:

- *Entramos en la tabla.*
- *Pulsamos en el botón Filtro estándar* ⧨ *de la barra de herramientas de Datos de tabla.*
- *Cumplimentamos el cuadro de diálogo Filtro estándar con la siguiente información: Ingresos_mensuales >= 1000.*
- *Pulsamos Aceptar.*

Cuando realizamos un filtro estándar estableciendo criterios, nos pueden resultar útiles las expresiones que se detallan a continuación:

- *=: igual que.*
- *<>: distinto de.*
- *>: mayor que.*
- *<: menor que.*
- *>=: mayor o igual que.*
- *<=: menor o igual que.*
- ***Como***: se utiliza para especificar el texto que debe contener el campo o para cuando deseamos utilizar los caracteres comodín para los campos texto.*
- ***No como***: especificaremos el texto que no debe contener el campo.*
- ***Nulo***: campos vacíos*
- ***Nulo***: campos no vacíos*

11. Ordenación alfabética de campos

11.1. Introducción

Para ordenar alfabéticamente los registros de un campo, podemos hacerlo de dos maneras:

■ A través del menú **Datos**.

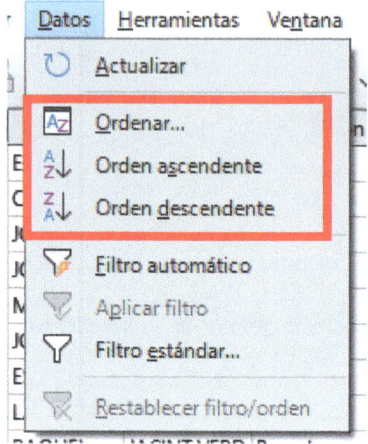

Menú Datos

■ A través de la barra de herramientas de **Datos de tabla**.

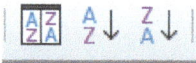

Botones ordenar de la barra de herramientas

11.2. Orden ascendente

Para ordenar los registros de la tabla en orden ascendente por un solo campo tenemos que seguir los siguientes pasos:

■ Nos situamos dentro de la columna que deseamos ordenar, en cualquiera de los registros.

- A continuación, seleccionamos la opción **Orden ascendente**, a través del menú de **Datos** o pulsando en el botón de la barra de herramientas **Datos de tabla**.

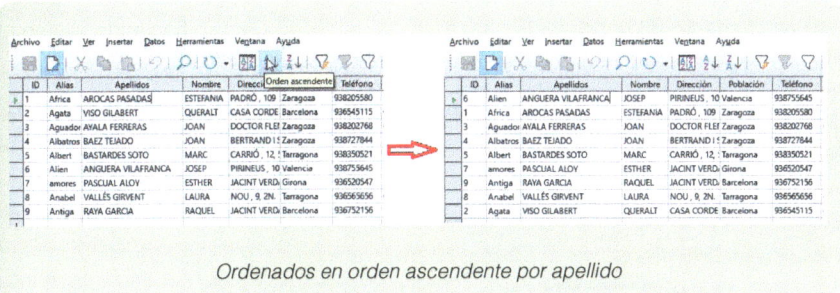

Ordenados en orden ascendente por apellido

11.3. Orden descendente

Para ordenar unos registros de la tabla en orden descendente por un solo campo enemos que seguir los siguientes pasos:

* Nos situamos dentro de la columna que deseamos ordenar, en cualquiera de los registros.

* A continuación, seleccionamos la opción **Orden descendente** a través del menú **Datos** o pulsando en el botón de la barra de herramientas **Datos de tabla**.

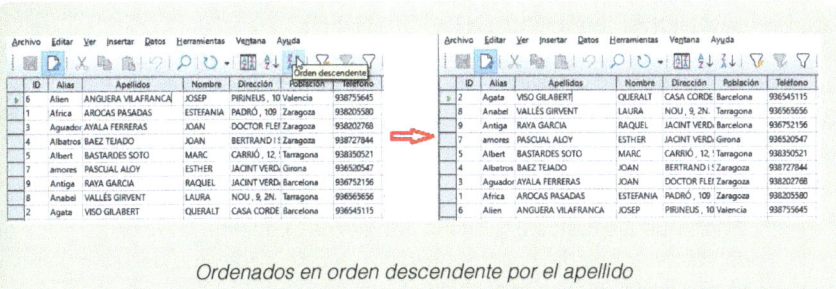

Ordenados en orden descendente por el apellido

11.4. Ordenar por varios campos

Las opciones de *Orden ascendente* y *Orden descendente* solo nos permiten ordenar por una columna. Si deseamos ordenar por más de una columna debemos utilizar la opción **Ordenar**.

Para ordenar por varios campos, debemos seguir los pasos siguientes:

→   Acceder a la opción *Ordenar* a través del menú *Datos* o haciendo clic en el botón *Ordenar* de la barra de herramientas *Datos de tabla*.

→   En el cuadro de diálogo *Ordenación* seleccionamos los campos por los que deseamos ordenar (hasta un máximo de 3 campos) en la columna *Nombre del campo*.

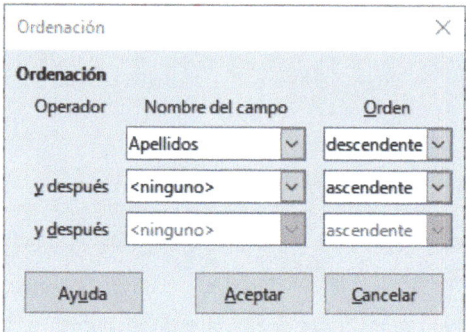

Cuadro de diálogo ordenación

→   En la columna *Orden* indicamos si deseamos ordenar en orden ascendente o descendente.

12. Formatos de una tabla

12.1. Cambiar ancho de columna

A veces, el ancho de la columna no es suficiente para ver toda la información que contiene, por lo que deberemos proceder a modificar el ancho de columna. Para hacerlo, disponemos de dos formas:

■   Podemos situar el puntero del ratón en la cabecera de columnas (sobre la división de las mismas) y, cuando aparezca una fecha con dos puntas a la derecha e izquierda, hacemos clic con el botón izquierdo del ratón y arrastramos hasta establecer el ancho deseamos.

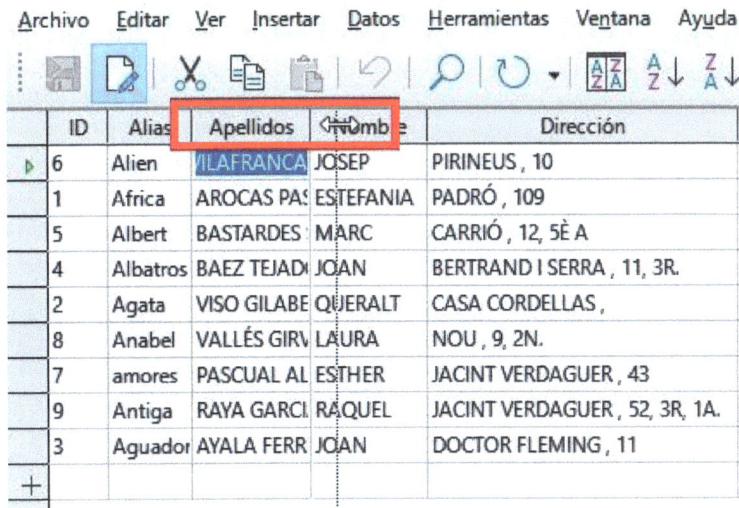

Modificar el ancho arrastrando el ratón

■ También podemos pulsar con el botón derecho del ratón encima de la cabecera de columna que deseamos cambiar el ancho y, en el menú de contexto,
seleccionamos *Anchura de columna* e insertamos la medida que deseemos.

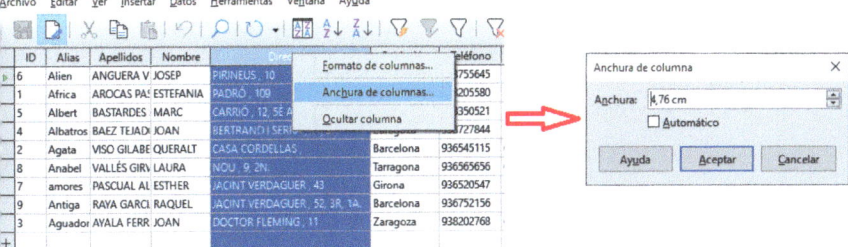

Modificar ancho a través del menú contextual

Para autoajustar el ancho de la columna al texto más largo ponemos el ratón en la
cabecera de la tabla, entre la columna que queremos ajustar y la siguiente, y, cuando
nos aparezca la doble flecha, hacemos un doble clic con el botón izquierdo del ratón.

12.2. Ocultar columna

Si en una tabla en la que tenemos muchos campos deseamos ocultar alguna columna en la vista de datos podemos hacerlo:

→ Pulsando con el botón derecho del ratón encima de la cabecera de columna.

→ Seleccionando *Ocultar columna* en el menú de contexto.

→ Para mostrar las columnas ocultas:

→ Pulsamos con el botón derecho del ratón encima de cualquier cabecera de columna.

→ En el menú contextual seleccionamos *Mostar columna/Todo.*

12.3. Cambiar el formato de columnas

Podemos cambiar el formato de las columnas aplicando un formato y una alineación a los campos.

Para cambiar el formato o la alineación seguiremos los siguientes pasos:

● Botón derecho del ratón encima de la cabecera de columna a la que deseamos cambiar el formato.

● En el menú contextual seleccionamos *Formato de columna.*

● Se nos mostrará el cuadro de diálogo *Formato de campo* con las pestañas *Formato y Alineación.*

Para cambiar el formato y la alineación a un campo numérico y ponerle el símbolo del € y alineación derecha:

◆ *Hacemos clic en la cabecera de la columna y seleccionamos la opción Formato de columna.*

◆ *En la ficha Formato/Categoría, seleccionamos Moneda.*

◆ *En la ficha Alineación, seleccionamos Derecha.*

◆ *Pulsamos el botón Aceptar.*

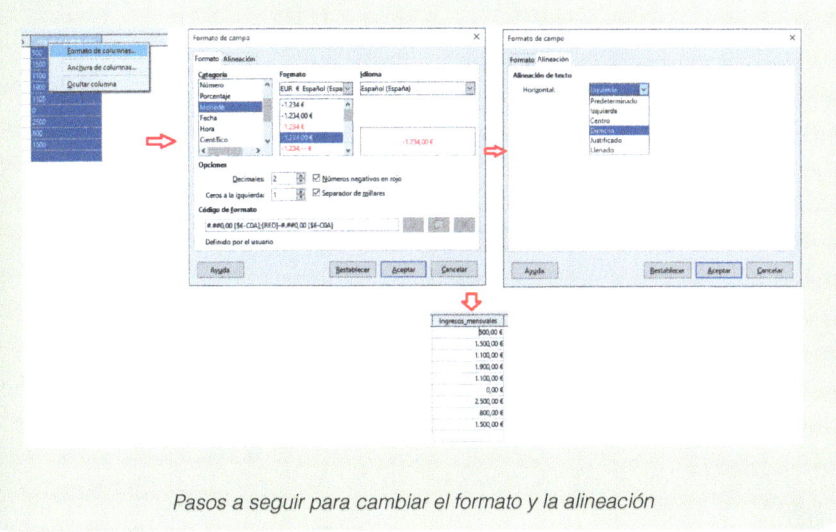

Pasos a seguir para cambiar el formato y la alineación

12.4. Altura de fila

Otro formato que podemos cambiar a nuestra hoja de datos es el alto de la fila.

Para cambiar el alto de la fila seguimos los siguientes pasos:

◆ Pulsamos con el botón derecho del ratón encima del selector de fila (cuadro gris que está en la parte izquierda de cada fila).

◆ En el menú contextual seleccionamos *Altura de fila*.

◆ Se muestra el cuadro de diálogo *Altura de fila* en el que le indicamos el alto en centímetros o marcamos la casilla *Automática*.

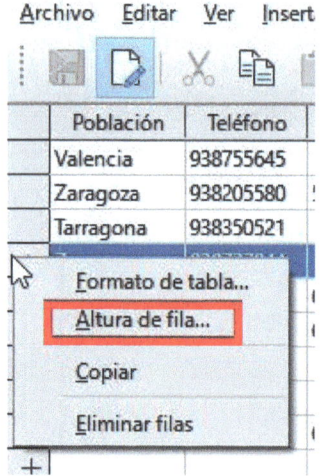

Menú contextual del selector de fila

Al cambiar el alto a una fila se modifican todas las filas de la tabla.

12.5. Formato de tabla

Podemos aplicarle a la vista de datos una serie de formatos relacionados con el tipo de letra y efectos tipográficos.

Para ello seguimos los siguientes pasos:

■ Pulsamos con el botón derecho del ratón encima del selector de fila.

■ En el menú contextual seleccionamos *Formato de tabla*.

■ Se muestra el cuadro de diálogo *Carácter*, en el que tenemos dos pestañas (*Tipos de letra* y *Efectos tipográficos*) en las que podemos cambiar la fuente, el tamaño, el color, aplicar efectos al texto, etc.

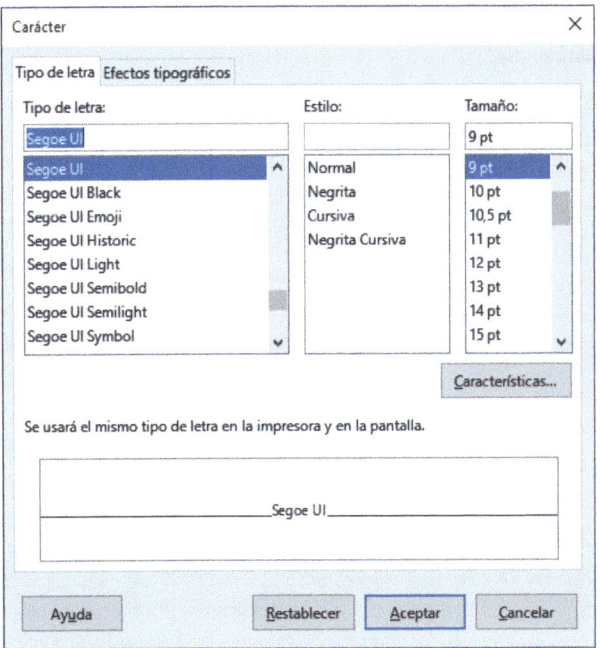

Cuadro de diálogo Carácter

13. Creación de índices en campos

13.1. Introducción

*Los **índices de una tabla** son una herramienta que ofrece LibreOffice Base para realizar búsquedas, filtros, ordenación, etcétera, de los registros de una tabla, de una forma más rápida.*

En una tabla se pueden crear tantos índices como se crea conveniente, aunque, en algunos casos, en lugar de acelerar el trabajo puede ralentizarlo.

No es conveniente crear índices de campos que cambian con frecuencia, ya que hacen perder efectividad.

Tampoco es conveniente crear un índice para un campo cuyo valor se repite mucho en la tabla, ya que al acceder por uno de esos valores repetidos aparecerán muchos registros y no ayudará a encontrarlo antes.

LibreOffice Base ordenará los registros utilizando el primer campo del índice. Cuando este tenga un valor duplicado, los ordenará por el valor contenido en el segundo campo del índice y así sucesivamente.

No se pueden utilizar campos de tipo **Imagen** u **Other** para crear índices.

Si definimos que el índice es único (sin duplicados), Base evitará que se introduzcan valores repetidos en este campo. Por ejemplo, en una tabla de clientes, si deseamos evitar introducir el mismo DNI para dos clientes distintos, podemos definir el campo de DNI como un índice único. De esta manera, no podremos dar de alta a distintos clientes con el mismo DNI.

13.2. Crear índices en una tabla

Para crear índices en una tabla:

* Abrimos la tabla en el modo *Editar*.

* Pulsamos en el botón *Diseño de índice* de la barra de herramientas *Estándar*.

* Pulsamos en el botón *Índice Nuevo* del cuadro de diálogo *Índice*.

* A continuación, tendríamos que poner el nombre al índice, por defecto LibreOffice Base lo crea con el nombre de *Índice1*.

* Para terminar de crearlo, tenemos que indicar cuál es el campo al que le definimos el índice, cómo deseamos ordenarlo (ascendente o descendente) y si es único o no.

13.3. Modificar un índice

Para que se muestren todos los índices contenidos en la tabla hay que abrir la tabla en modo *Editar* y hacer clic en el botón *Diseño de índices* o a través del menú de *Herramientas/Diseño de índices*.

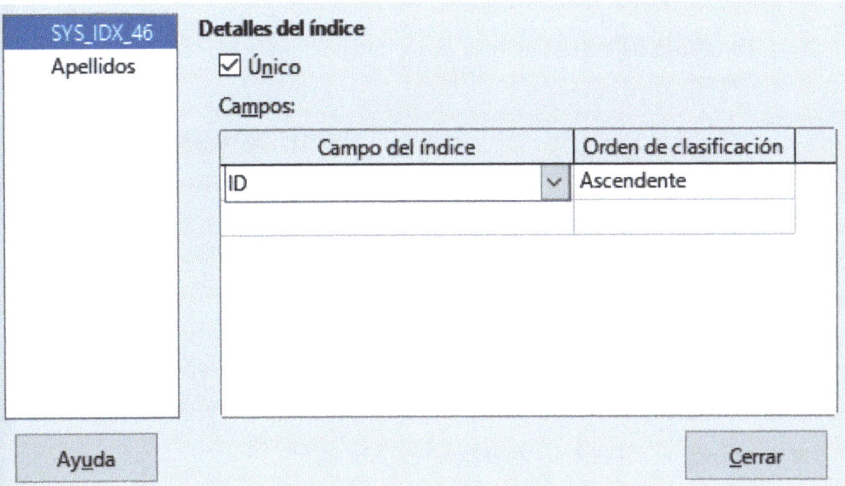

Cuadro de diálogo Índices

* **Índice nuevo**: nos permite crear un nuevo índice en la tabla.

* **Eliminar índice actual:** nos permite borrar el índice que tengamos seleccionado.

* **Cambiar nombre de índice actual**: nos permite modificar el nombre del índice actual.

* **Guardar índice actual**: nos permite guardar el índice actual, por si vamos a seguir realizando cambios.

* **Restablecer índice actual**: nos permite deshacer los cambios realizados en el índice actual.

* **Único**: activaremos esta casilla si deseamos que el índice tenga valores únicos.

    Esto permite que no haya registros con valores duplicados en campo del índice actual.

Si guardamos el índice con el valor *Único,* al intentar guardar la tabla con registros que contengan en ese campo un registro con el mismo valor, LibreOffice Base nos mostrará un mensaje de error indicando que hay una *violación del índice único,* por lo que habrá que cambiar el dato.

✳ **Campo del índice**: esta columna contiene el nombre del campo de la tabla que se indexa.

En el caso de índices de más de un campo, coloca los nombres uno debajo de otro.

Al situar el cursor en esta columna, aparece un desplegable para elegir el campo que se va a indexar.

✳ **Orden de clasificación**: establece cómo se van a mostrar los registros con este índice. Puede ser *Ascendente* o *Descendente*.

13.4. Eliminar índices

Para eliminar un índice tenemos que seguir los siguientes pasos:

◼ Accedemos al cuadro de diálogo de *Índices*.

◼ Seleccionamos el índice que deseamos borrar.

◼ Pulsamos en el botón *Eliminar índice actual*.

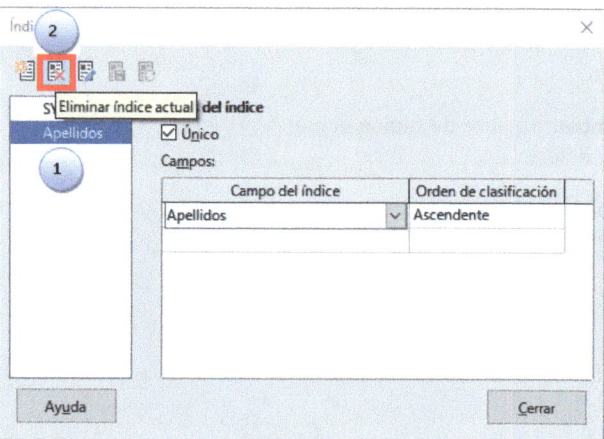

Eliminar índice

Resumen

En esta unidad:

- Hemos explicado lo que es un registro y un campo y determinado las distintas formas de creación de tablas.

- Hemos analizado las vistas de las tablas, modo de datos y modo editar, tipos de datos y campos, así como las propiedades de los campos y cómo cambiar el nombre de un campo.

- En relación a las tablas, hemos estudiado sus especificaciones y la introducción de datos en las mismas.

- Además, hemos estudiado el movimiento por los campos y registros de una tabla y la eliminación y modificación de sus registros.

- Hemos copiado y movido, buscado y reemplazado datos, así como creado filtros.

- Y, finalmente, hemos abordado la ordenación alfabética de campos, los formatos de una tabla y la creación de índices de campos.

UNIDAD
DIDÁCTICA

3

Realización de cambios en la estructura de tablas y creación de relaciones

Objetivos

☐ Identificar y explicar las distintas opciones existentes en una base de datos relacional para la creación, diseño, visualización y modificación de las tablas.

Contenido

Introducción

LibreOffice Base cuenta con multitud de herramientas y características que permiten realizar cambios en las tablas, así como crear relaciones.

1. Modificación del diseño de una tabla

Para modificar una tabla abrimos la tabla que deseamos modificar en la vista *Diseño*, por lo que seleccionamos la opción *Editar* en el menú de contexto o en el menú *Editar* o pulsamos el botón *Editar* de la barra de herramientas de tabla.

Para eliminar un campo que ya no necesitamos, pulsamos con el botón derecho, en el selector de campo (cuadro de color gris en la parte derecha del campo) del campo que deseemos borrar y, en el menú de contexto, seleccionamos *Eliminar*.

Para añadir un campo pulsamos con el botón derecho del ratón en el selector de campo de cualquier campo y, en el menú de contexto, seleccionamos *Insertar fila*. Se nos colocará al final del último campo.

2. Cambio del nombre de una tabla

Para cambiar el nombre de una tabla, podemos hacerlo de varias formas:

■ A través del menú *Editar* y seleccionando la opción *Cambiar nombre…*

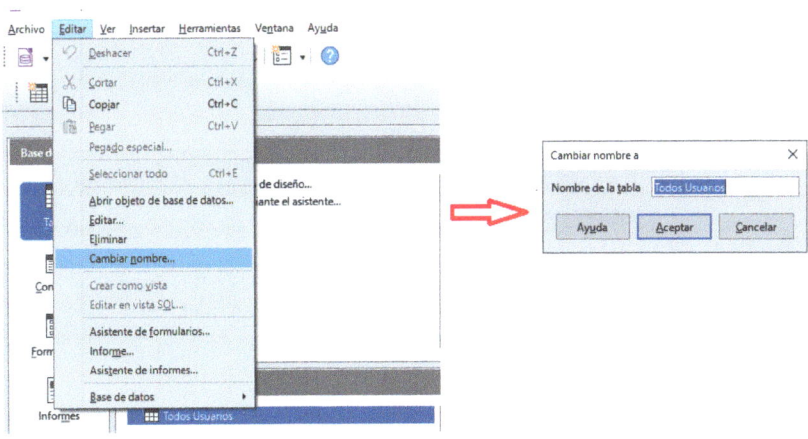

Editar/Cambiar nombre

■ Haciendo clic con el botón derecho del ratón encima de la tabla y seleccionando, en el menú de contexto, *Cambiar Nombre.*

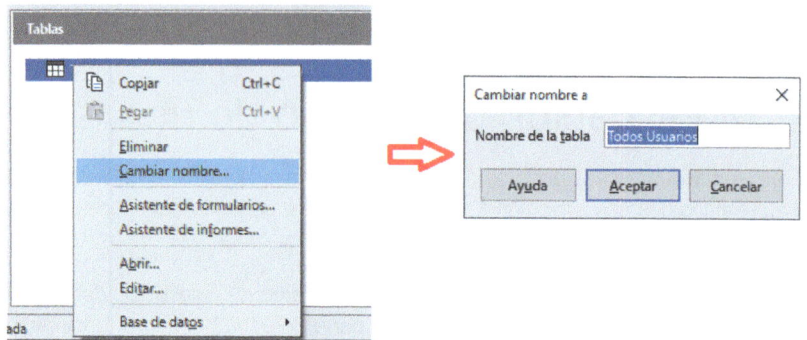

Menú contextual

■ Haciendo clic en el botón *Cambiar nombre* de la barra de herramientas de tabla.

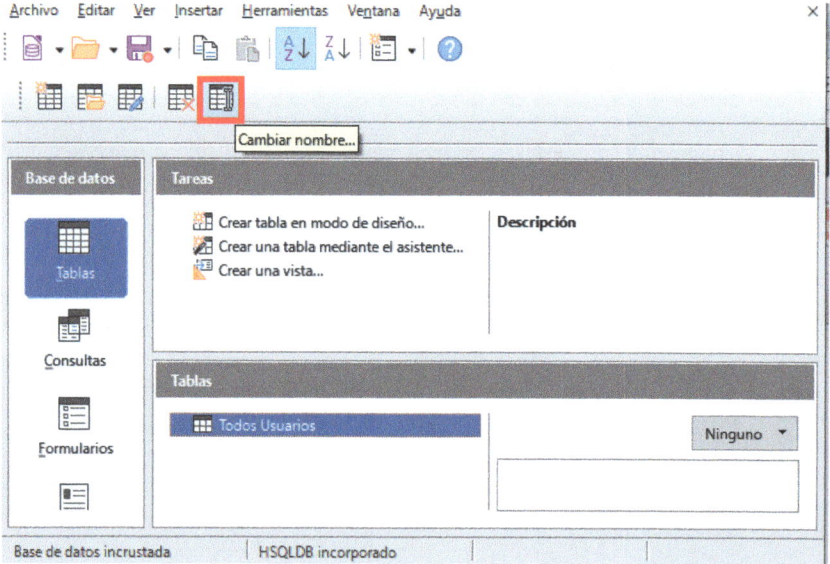

Botón Cambiar nombre

3. Eliminación de una tabla

Podemos eliminar una tabla de varias maneras:

* A través del menú *Editar* y seleccionando la opción *Eliminar*.

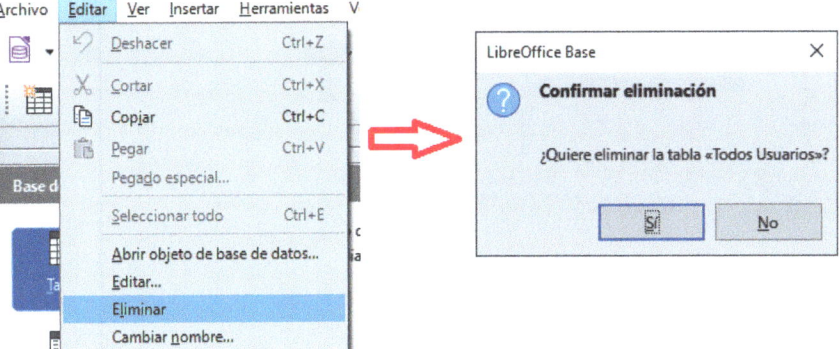

Editar/Eliminar

* Haciendo clic con el botón derecho del ratón encima de la tabla y seleccionando, en el menú de contexto, *Eliminar*.

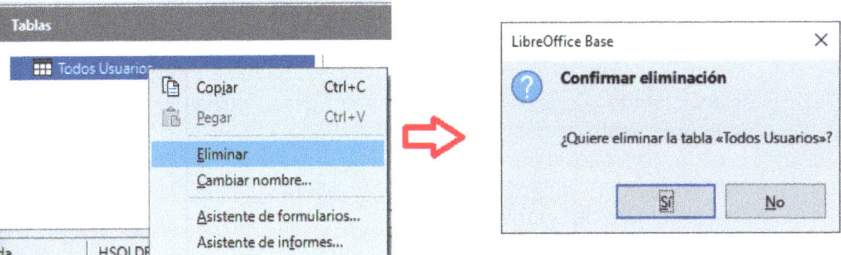

Menú contextual

* Haciendo clic en el botón *Eliminar* de la barra de herramientas de tabla.

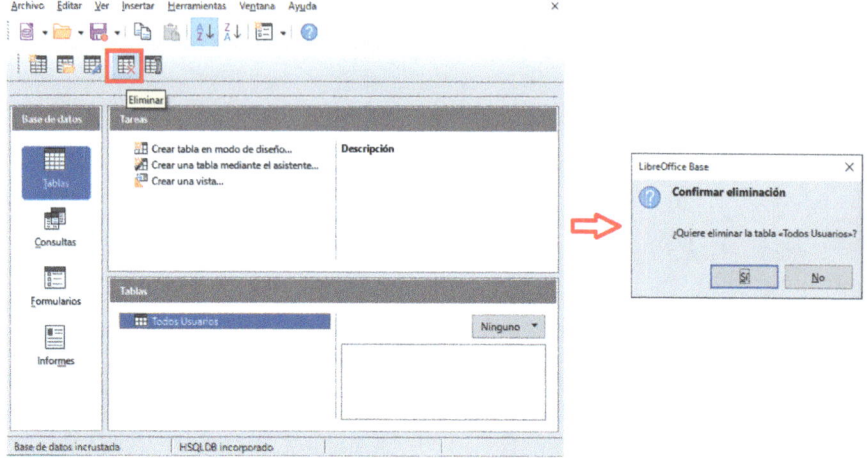

Botón Eliminar

4. Copiado de una tabla

Para copiar una tabla ya creada:

→ Copiamos la tabla utilizando el menú contextual, utilizando el menú *Editar* o pulsando la combinación de teclas Ctrl + C.

→ Pegamos utilizando el botón derecho sobre una tabla del panel de *Tablas*, seleccionando la opción *Pegar* del menú *Editar* o pulsando la combinación de teclas CTRL + V.

→ Aparecerá la siguiente ventana donde mostrará un nombre por omisión, que será el nombre de la tabla.

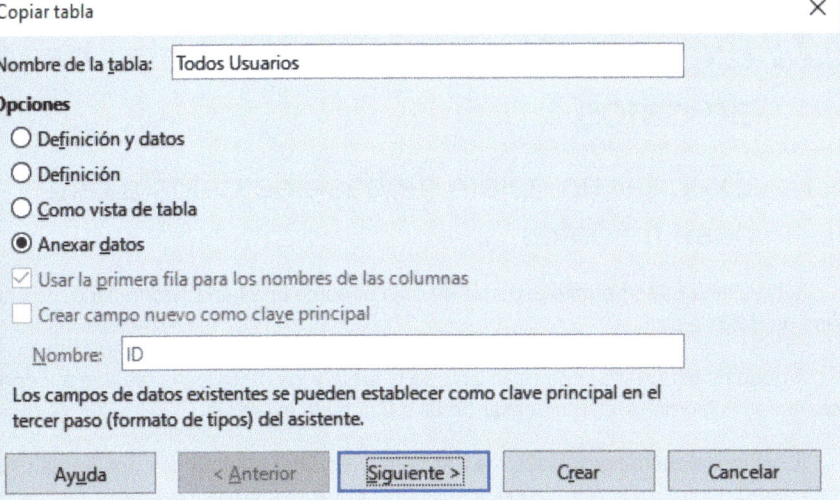

Cuadro de diálogo Copiar tabla

* **Definición y datos:** si seleccionamos esta opción, LibreOffice Base crea una copia exacta de la tabla. Copia tanto los campos como los datos.

* **Definición**: si seleccionamos esta opción, LibreOffice Base crea una copia de la estructura de la tabla, es decir solo los campos, los datos no se copian.

* **Como vista de tabla:** si seleccionamos esta opción, LibreOffice Base creará una consulta en forma de tabla en el contenedor de tablas. Esta opción permite ver los resultados de la consulta como una vista de tabla normal.

* **Anexar datos**: si seleccionamos esta opción, LibreOffice Base agrega los datos de la tabla que se ha copiado a otra tabla.

* **Usar la primera fila para los nombres de las columnas**: permite utilizar la primera fila para crear los nombres de los campos.

* **Crear campo nuevo como clave principal**: permite generar automáticamente un campo de datos con clave primaria y lo rellena con valores.

5. Exportación de una tabla a otra base de datos

5.1. Exportar un objeto de base de datos a otra base de datos

LibreOffice Base permite exportar un objeto, como una tabla o formulario, de una base de datos a otra.

Podemos exportar solo la definición de la tabla y los datos de la tabla, o exportar solo la definición de la tabla o anexar datos a una tabla existente.

El proceso que tenemos que realizar para exportar un objeto de base de datos a otra base de datos es similar al que vimos para copiar una tabla.

Los pasos a seguir son los siguientes:

→ Abrimos la base de datos que contiene la tabla u objetos a copiar.

→ Hacemos clic con el botón derecho del ratón encima del objeto a copiar y seleccionamos *Copiar*.

→ Abrimos la base de datos en la que deseamos copiar el objeto.

→ Seleccionamos el objeto que vamos a copiar, seleccionando en la parte derecha de la ventana *Tablas, Consultas, Formularios* o *Informes*.

→ Pulsamos con el botón derecho sobre una parte del panel de *Tablas, Consultas* o *Formularios* (según lo seleccionado en el punto anterior) y elegimos la opción *Pegar*. También podemos seleccionar la opción pegar a través del menú *Editar* o pulsando la combinación de teclas CTRL + V.

→ Seleccionamos en el apartado *Opciones* (según nos interese copiar):

  ✦ Definición y datos.

  ✦ Definición.

  ✦ Como vista de tabla.

  ✦ Anexar datos.

5.2. Exportar una tabla o consulta de Base a la hoja de cálculo Calc

Para realizar una exportación de una tabla o consulta a una hoja de cálculo lo primero es copiar la que deseamos exporta a Cal.

A continuación, tenemos que crear o abrir el fichero de Calc en el que deseamos exportar los datos.

Nos colocamos en la celda a partir de la cual deseamos que se exporten los datos y pegamos la tabla.

5.3. Exportar una tabla o consulta de Base al procesador de texto

Para realizar una exportación de una tabla o consulta al procesador de texto Writer lo primero es copiar la que deseamos exportar a Writer.

A continuación, tenemos que crear o abrir el fichero de Writer en el que deseamos exportar los datos.

Nos colocamos dentro del documento de Writer donde deseamos que se exporten los datos y hacemos clic en el botón **Pegar**.

Nos aparecerá el cuadro de diálogo **Insertar columnas de base de datos** para seleccionar los campos que deseamos exportar.

5.4. Usar una tabla para combinar correspondencia

Podemos usar una tabla o una consulta de Base como origen de los datos para cartas modelos, mensajes de correo electrónico, etiquetas o sobres en una combinación de correspondencia de Writer.

Se puede utilizar el Asistente para combinar correspondencia de Writer o hacerlo sin él.

*Si se va a utilizar una base de datos para una combinación de correspondencia, cuando se cree la base de datos debe seleccionarse la opción **Sí registrar por mí la base de datos**.*

Sobre una base de datos creada lo primero que haremos será registrarla. Para ello:

◆ *Vamos a Herramientas/Opciones/ LibreOffice base.*

◆ *Seleccionamos Base de datos.*

◆ *Pulsamos en Nuevo/Examinar y localizamos nuestra base de datos.*

◆ *Una vez localizada, pulsamos en el botón de Abrir y luego Aceptar hasta cerrar los cuadros de diálogo.*

Una vez registrada, vamos a crear un nuevo documento de Writer para hacer la combinación de correspondencia para una carta. Para ello vamos a Archivo/Nuevo/ Documento de texto.

En el documento de Writer, insertamos los campos de la tabla y luego haremos la combinación de correspondencia. Para ello:

◆ *Pulsamos en Ver/Orígenes de datos.*

◆ *Hacemos doble clic en la tabla que nos aparece en la parte superior del documento de Writer.*

◆ *Hacemos clic encima de la cabecera de la columna que queramos arrastrar al primer campo insertado en el documento de Writer y soltamos.*

◆ *Repetimos con el resto de columnas.*

◆ *Tras introducir el texto de la carta, con el saludo, cuerpo, despedida, etc., procederemos a realizar la combinación de correspondencia. Para ello:*

→ *Hacemos clic en Archivo/Imprimir.*

→ *Pulsamos Sí a la pregunta ¿Quiere imprimir una carta modelo?*

6. Importación de tablas de otras bases de datos

6.1. Importar datos de la hoja de cálculo a Base

LibreOffice Base nos permite utilizar Calc para importar datos de tablas e incluirlas en una base de datos.

Para poder importar una tabla de Calc a Base debemos tener en cuenta lo siguiente:

- El archivo de Calc debe tener la primera fila con información de encabezamientos, ya que Base tomará los datos contenidos en esta primera fila para crear los campos.

- La segunda fila del fichero de Calc será la primera fila de datos en nuestra tabla de Base.

- El tipo de datos (texto, número, fecha, etc.) lo determinará Base en función del tipo de dato insertado en la segunda fila.

- Cualquier otra información referida al formato de la hoja de cálculo no se importará a Base.

Teniendo abierta una base de datos ya creada y el fichero de Calc que contiene los datos:

- Seleccionamos los datos que queremos importar.

- En la aplicación de Calc seleccionamos la opción *Copiar*.

- En la aplicación de Base seleccionamos la opción *Pegar*.

- En el cuadro de diálogo que se muestra le ponemos el nombre a la tabla, seleccionamos la opción *Definición y datos* y pulsamos el botón *Crear*.

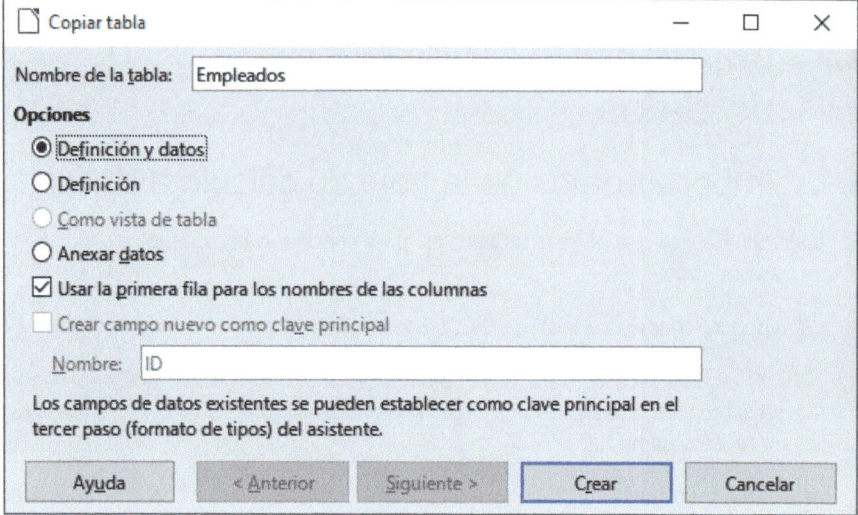

Cuadro de diálogo Copiar tabla

◆ Nos aparece el mensaje para preguntarnos: *¿Quiere crear una clave principal ahora?* y hacemos clic en **Sí**.

6.2.   Concepto del campo clave principal

*Una **clave principal** es un índice especial que identifica de forma única a cada uno de los registros de una tabla en una base de datos.*

Puede estar formada por un **índice simple** (un solo campo) o un **índice compuesto** (varios campos).

La clave principal se utiliza en todas las tareas de relaciones de tablas y búsquedas, consultas, filtros de los registros de una base de datos.

Un índice clave principal tiene unas características especiales:

→ Identifica de forma única a cada registro de la tabla.

→ No admite valores vacíos ni nulos en los campos que la forman.

→ No admite valores duplicados en los campos que la forman.

→ Solo puede haber una clave principal o primaria por tabla.

→ El campo o campos que forman la clave principal pueden formar parte de otros índices.

En LibreOffice Base, si no tenemos definida la clave principal en la tabla, no podremos insertar registros.

6.3. Crear un índice clave principal

Cuando guardemos una tabla nueva sin haber definido una clave principal se nos mostrará el siguiente mensaje:

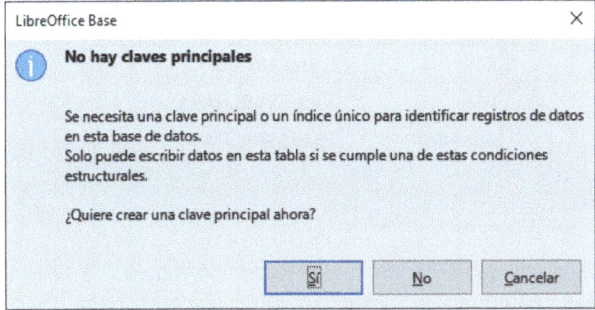

Cuadro de diálogo que pregunta si se quiere crear una clave principal

Cuando no se encuentre en la tabla un campo cuyo contenido pueda ser utilizado como clave principal, crearemos un campo y lo configuraremos como clave principal.

Para definir un campo clave, seguimos los siguientes pasos:

- Si no estamos en la vista diseño de la tabla, vamos a ella.

- Pulsamos con el botón derecho en el selector de registro del campo que deseamos definir como clave.

- Hacemos clic en la opción clave principal.

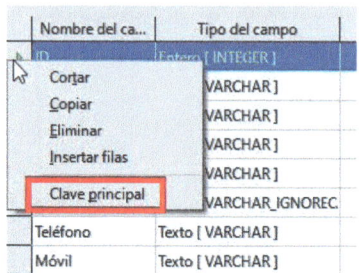

Menú contextual/Clave principal

- Al definir un campo como clave principal aparece con el dibujo de una llave en la parte izquierda del campo.

Nombre del ca...	Tipo del campo
ID	Entero [INTEGER]
Alias	Texto [VARCHAR]
Apellidos	Texto [VARCHAR]

Dibujo de una llave para identificar un campo como clave principal

- Si deseamos que el campo que hayamos definido como clave se vaya incrementado con un valor numérico automáticamente, debemos definirlo como *Entero* y establecer la propiedad *Valor automático* en *Sí*.

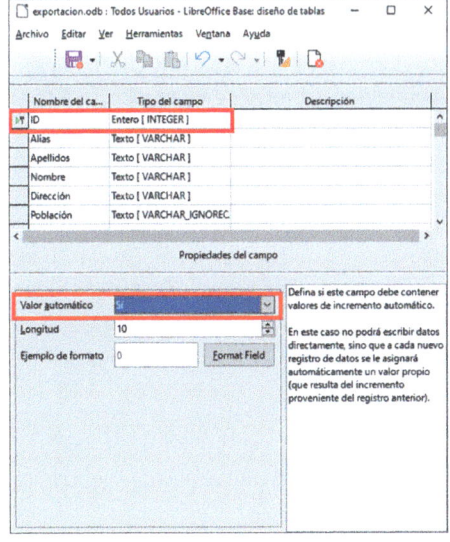

Tipo de campo entero/Valor automático Sí

Cuando se define un campo clave en una tabla, automáticamente LibreOffice Base crea un índice para ese campo.

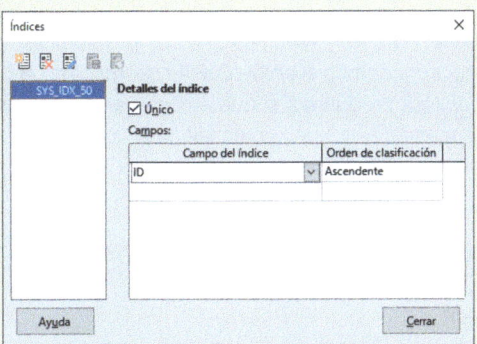

Cuadro de diálogo Índices

En el cuadro de diálogo Índices podremos modificar el índice de la clave principal, si fuera necesario

6.4. Eliminar una clave principal

Al eliminar una clave principal de una tabla hay que tener en cuenta que, si forma parte de una relación entre tablas, LibreOffice Base eliminará también la relación.

Si una tabla no tiene ningún campo como clave principal, no vamos a poder realizar cambios en los registros de la tabla.

Para eliminar una clave principal:

* Con la base de datos abierta vamos a *Tablas* y abrimos la tabla que deseemos en la *Vista diseño*.

* Selecciónanos el campo *Id* pulsando encima del nombre del campo y comprobamos que tenemos creado un índice para ese campo. Para ello colocamos el ratón en *Id* y pulsamos en el botón *Diseño de índice* de la barra de herramientas estándar.

* Una vez comprobado esto procedemos a eliminar la clave primaria del campo. Para ello seguimos los mismos pasos que para crearla: pulsamos el botón derecho del ratón encima del selector de campos, donde aparece el dibujo de la llave, y seleccionamos la opción *Clave principal*.

* Desaparece la llave, pero tenemos que comprobar si se ha eliminado el índice. Para ello, accedemos al botón *Diseño de índice* en la barra de herramientas estándar. Nos preguntará si queremos guardar los cambios. Le decimos que *Sí* y se mostrará un nuevo mensaje que nos preguntará: *¿Prefiere eliminarla y aplicar el formato nuevo?* Pulsamos en *Sí*.

6.5. Tipos de relaciones entre las tablas

6.5.1. Introducción

LibreOffice Base permite trabajar con bases de datos relacionadas. De este modo, podremos relacionar varias tablas que tengan un campo en común.

Podremos crear consultas, formularios o informes basados en información procedente de varias tablas.

Tener varias tablas relacionadas, en lugar de una sola, nos aporta una serie de ventajas:

◆ Los datos están más organizados si los distribuimos en varias tablas en lugar de tenerlos todos en una sola.

◆ Evitamos que haya duplicidad de información.

◆ Se minimiza el riesgo de introducir mal los registros.

◆ Podemos consultar varias tablas a la vez, lo cual nos permite ver toda la información como si fuera una única tabla.

En una tabla tenemos los productos que se comercializan en un supermercado y, además, queremos clasificarlos por grupos (frutas, verduras, vinos, refrescos, etc.).

Código del Producto	Producto	Grupo	Precio
1	Mandarinas	Frutas	3,93 €
2	Lechugas	Verduras	1,63 €
3	Melones	Frutas	1,94 €
4	Coles	Verduras	0,61 €
5	Berenjenas	Hortalizas	2,54 €
6	Plátanos	Frutas	2,42 €
7	Tomates	Verduras	0,97 €
8	Uvas	Frutas	3,63 €
9	Espárragos	Hortalizas	1,21 €
10	Zanahorias	Hortalizas	0,61 €
11	Naranjas	Frutas	1,21 €
12	Melocotón	Frutas	2,42 €
13	Pimientos	Hortalizas	0,24 €
14	Manzana	Frutas	3,63 €
15	Patatas	Hortalizas	2,42 €

En el campo Grupo hay valores que se repiten (Frutas aparece 5 veces, Verduras 3, etc.) Esto, por un lado, nos obliga a tener que almacenar y escribir el mismo dato varias veces, lo que provoca que el tamaño de la base de datos se incremente y, por otro lado, a escribir el valor de la misma forma para todos los registros (no podemos poner en un caso Frutas y en otro Fruta, por ejemplo). También puede darse el caso de que, en un momento determinado, se decida cambiar el nombre a un grupo.

Pues para solucionar este problema, lo que tenemos que hacer es crear una tabla para los grupos, que son los valores que se repiten en la tabla de productos, y relacionar estas dos tablas.

Esa posible tabla podría ser de la siguiente forma:

IdGrupo	Grupo
1	Frutas
2	Verduras
3	Hortalizas

Para relacionar tablas es necesario que tengan un campo en común y, por lo menos una de las tablas, este campo común tiene que ser una clave principal. En nuestro ejemplo, el campo común es el grupo, que en la tabla de grupos lo tenemos codificado por el campo IdGrupo.

	Nombre del ca...	Tipo del campo
▶🔑	IdGrupo	Entero [INTEGER]
	NombreGrupo	Texto [VARCHAR]

Ejemplo

La tabla, cuyo campo común es clave principal, se denomina **tabla principal**, que en nuestro ejemplo sería la tabla de Grupos.

Cuando se crea una relación entre tablas no es necesario que los campos comunes tengan el mismo nombre, pero sí deben ser del mismo tipo de datos y tamaño a menos que el campo de la tabla principal sea un campo Autonumérico. En ese caso, se puede relacionar con un campo Numérico

5.5.2. Tipos de relaciones de tabla

Existen tres tipos de relaciones de tabla:

→   **Relación uno a varios:** a cada registro de la tabla principal pueden corresponderle varios de la tabla secundaria, pero no al contrario. Es el tipo de relación más común entre las tablas.

Un curso representando en la tabla Cursos puede tener varias reservas, pero cada curso es único en la tabla Cursos.

El campo común sería Código del curso que solo es clave principal en la tabla Cursos.

La tabla Cursos sería la tabla principal y la tabla Reservas sería la tabla secundaria.

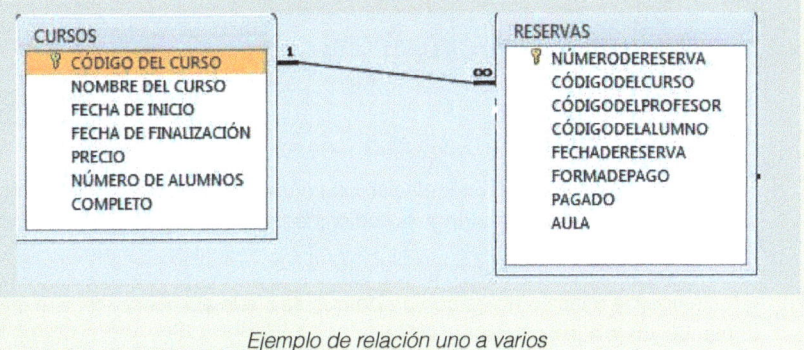

Ejemplo de relación uno a varios

→   **Relación varios a varios:** a cada registro de una tabla le pueden corresponder varios de la otra y viceversa.

Para representar una relación de varios a varios, debemos crear una tercera tabla llamada *tabla de unión*, que divide la relación de varios a varios en dos relaciones uno a varios.

Los campos comunes son clave principal en las dos tablas principales.

En este caso tendremos tres tablas: la tabla Cursos, que se relaciona de uno a varios con la tabla Reservas y la tabla Profesores, que se relaciona de uno a varios con la tabla Reservas.

Las tablas Cursos y Profesores están relacionadas a través de la tabla Reservas.

Ejemplo de relación varios a varios

→ **Relación uno a uno:** en una relación uno a uno, cada registro de la primera tabla solo puede tener un registro coincidente en la segunda tabla y viceversa.

Este tipo de relación no es común porque se suele almacenar toda la información en la misma tabla.

Podemos utilizar la relación uno a uno para dividir una tabla que contenga muchos campos.

En este tipo de relación ambas tablas deben compartir un campo común.

El contenido de información de los profesores se ha dividido en dos tablas, en una se insertan los datos personales y en la otra los datos profesionales. Ambas tablas tienen un campo común que es la clave principal en ambas tablas. Un profesor de la tabla Profesores solo puede existir una vez en la tabla Datos Profesores y viceversa.

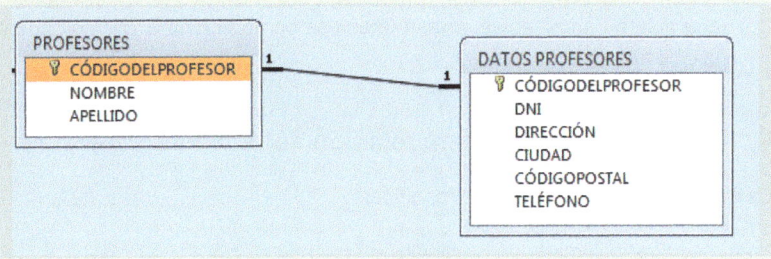

Ejemplo de relación uno a uno

Es conveniente crear las relaciones de tabla antes de crear otros objetos de base de datos, como formularios, consultas e informes.

6.5.3. Crear una relación

Para crear una relación entre dos tablas:

◆ Abrimos una de las tablas en el modo editar para comprobar qué campo es el que está establecido como clave principal.

◆ Vemos dónde está el campo clave y este será el campo a través del cual estableceremos la relación.

◆ Cerramos la tabla.

◆ Para relacionar las dos tablas necesitamos un campo común entre las dos, y ese campo será el que tenga definido en la primera tabla como campo clave. Así que, comprobamos si tenemos ese campo en la segunda tabla.

◆ Si observamos que no hay ningún campo de la primera tabla en la segunda necesitaríamos uno para establecer la relación, así que la añadimos. Hay que tener en cuenta que los campos tienen que ser del mismo tipo.

◆ Para establecer la relación hacemos clic en el menú *Herramientas* y luego en *Relaciones*.

◆ Añadimos las tablas que vayamos a relacionar.

◆ Y para establecer la relación hacemos clic encima del campo común de cualquiera de las tablas, arrastramos ese campo hacia el mismo campo de la otra tabla y soltamos.

6.5.4. Modificar y eliminar una relación entre tablas

La relación se puede eliminar o modificar.

Para modificar o eliminar una relación:

▦ Seleccionamos la línea que une las dos tablas que están relacionadas.

▦ Pulsamos el botón derecho del ratón encima de la línea.

▦ Seleccionamos la opción *Editar* o *Eliminar*.

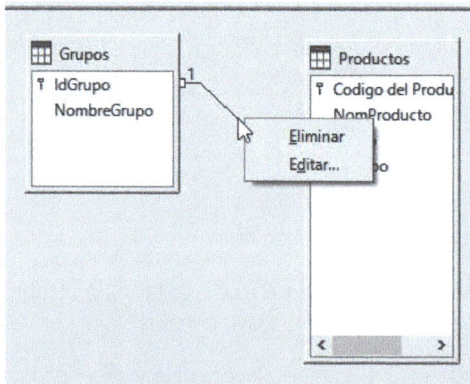

Eliminar/Editar

Si pulsamos la opción *Editar* nos muestra el cuadro de dialogo *Relaciones*:

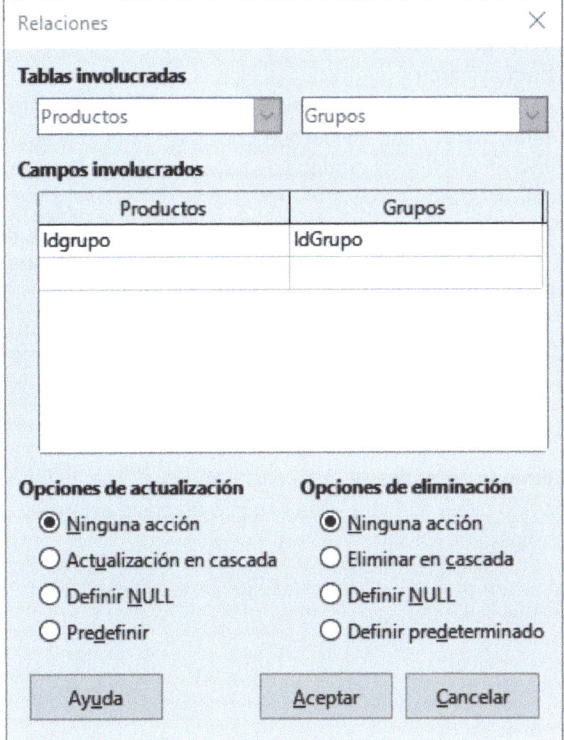

Relaciones

- **Tablas involucradas:** aparece el nombre de las dos tablas que están relacionadas. Esta información no se puede modificar.

- **Campos involucrados**: aparecen dos columnas con el nombre de la tabla y, debajo, el campo por el que se establece la relación en cada una de las dos tablas. Estos campos sí se pueden modificar pulsando en uno de ellos y desplegando la lista.

- **Opciones de actualización**: en este apartado podremos indicar qué es lo que deseamos hacer en el caso de que se modifique un valor del campo de relación de la tabla primaria.

- **Ninguna acción**: especifica que cualquier cambio efectuado en campo clave no afectará a los campos de clave externa.

- **Actualización en cascada**: especifica que cualquier cambio efectuado en campo clave afectará a los campos de clave externa y, por lo tanto, se actualizarán.

- **Definir NULL**: especifica que cualquier cambio efectuado en campo clave afectará a los campos de clave externa, dejándolos en blanco.

- **Predefinir/Definir predeterminado**: si seleccionamos esta opción podemos definir un valor por defecto en el caso de que cambiemos o eliminemos un registro.

- **Opciones de eliminación**: en este apartado podremos indicar qué es lo que deseamos hacer en el caso de que se elimine un valor del campo de relación de la tabla primaria.

- **Eliminar en cascada**: especifica que cualquier cambio efectuado en campo clave afectará a los campos de clave externa y, por lo tanto, se eliminará.

Resumen

En esta unidad hemos visto:

- La modificación del diseño de una tabla a través de la opción del menú *Editar/Editar*.

- El cambio de nombre en el menú *Editar/Cambiar nombre*.

- La eliminación en el menú de *Editar/Eliminar*.

- El copiado de una tabla.

- La exportación de una tabla a otra base de datos.

- La importación de otra base de datos.

- La creación de relaciones entre tablas.

- Los tipos de relaciones: uno a uno, uno a varios y varios a varios.

- El concepto de clave principal, que es un índice especial que identifica de forma única a cada uno de los registros de una tabla en una base de datos.

UNIDAD DIDÁCTICA 4

Creación, modificación y eliminación de consultas o vista

Objetivos

☑ Diferenciar las características que presenta el tipo de relación de una tabla, en una relación uno a uno, uno a varios o varios a varios.

☑ Diseñar consultas utilizando los diferentes métodos existentes de la aplicación.

☑ Conocer los distintos tipos de consultas, su creación y su uso.

☑ Ejecutar consultas, teniendo en cuenta las consecuencias que pueden conllevar, tales como pérdida de datos, etc.

Contenido

Introducción

Las **consultas** son una de las herramientas más importantes para manejar una base de datos. Permiten acceder a los datos y utilizarlos de cualquier forma.

1. Creación de una consulta

1.1. Creación de consultas con el asistente

Una de las formas en las que podemos crear una consulta es utilizando el asistente, que nos irá indicando, a través de varios pasos, la información que necesitamos para crear la consulta.

Lo primero que habría que hacer es colocarnos en *Consultas* y seleccionar, en la parte de la ventana de tareas, *Usar el asistente para crear una consulta*. Nos aparecerá el asistente.

El primer paso será seleccionar los campos.

En el segundo estableceremos el orden de los registros.

En el tercer paso del asistente indicaríamos las condiciones que tienen que cumplir los registros que deseamos mostrar en la consulta.

Podemos pasar directamente al paso 7 del asistente. Ahí podemos asignarles un "alias" a los campos, es decir, si queremos visualizar los campos en la consulta con otro texto.

Y ya, en el último paso, indicaremos el nombre con que vamos a guardar la consulta y si queremos ver los datos o modificar el diseño de la consulta.

1.2. Crear una consulta en la vista diseño

Podemos crear la consulta a través de la vista *Diseño*, diseñar la consulta seleccionando los campos que deseemos agregar y añadirle los criterios de consulta que queramos.

Un **criterio de consulta** se puede considerar como una condición que se especifica para un campo.

El criterio especifica una condición basada en los valores del campo que expresa lo que se desea incluir en la consulta, como *mostrar solo los registros en los que el valor de Curso sea Diseño*.

Para crear una consulta en la vista diseño pulsamos en *Crear consulta en modo de diseño* del panel de *Tareas* de las *Consultas*.

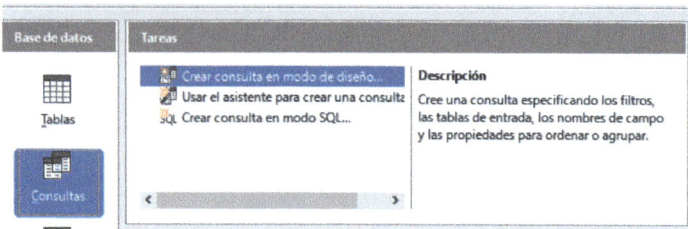

Crear consulta en modode diseño del panel de Tareas de las Consultas

Se muestra la siguiente ventana:

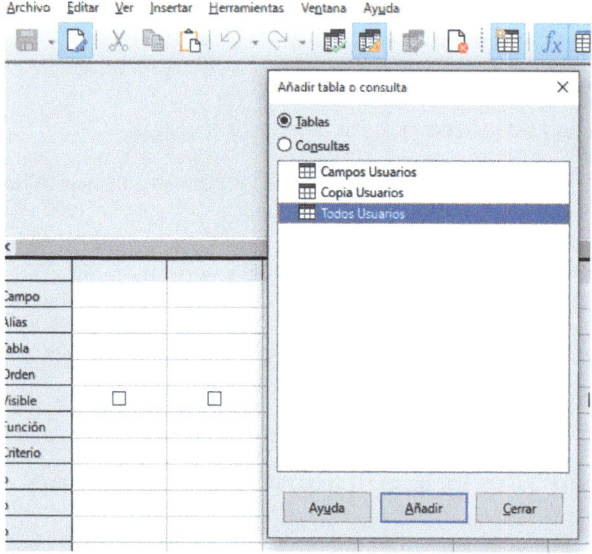

Añadir tabla o consulta

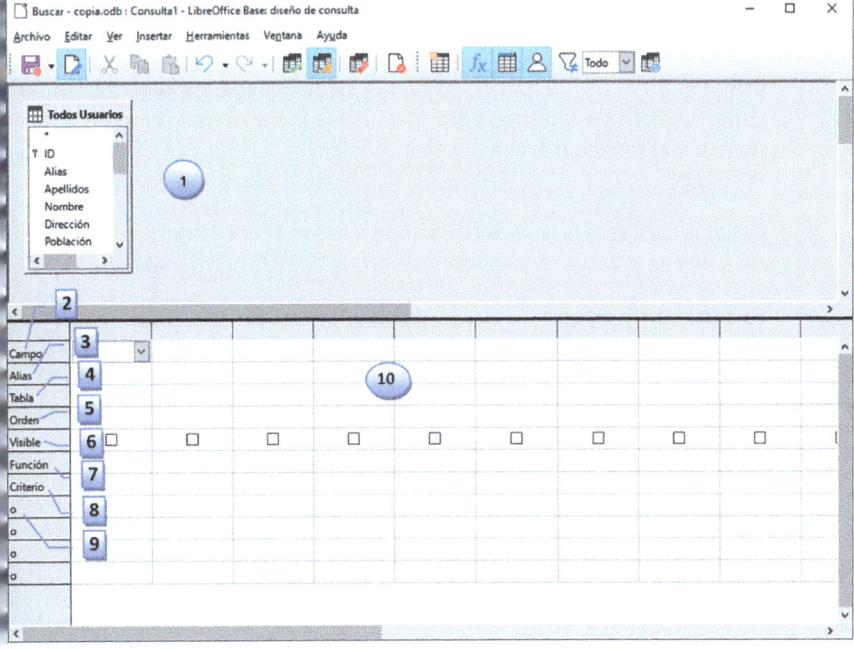

Consulta

1. En esta parte superior está la zona de las tablas, donde aparecerán aquellas que se agregan con sus respectivos campos.

2. **Campo**: donde irá el campo que se desea visualizar. También puede ser un campo calculado.

3. **Alias**: donde podemos establecer el nombre de la consulta, en vez del nombre del campo.

4. **Tabla**: debajo de cada nombre de campo, en la cuadrícula de diseño, veremos que aparece automáticamente el nombre de la tabla de la que procede. Esto no tiene mucha importancia en consultas de una sola tabla, pero cuando trabajemos con consultas de varias tablas será muy útil.

5. **Orden**: permite establecer que la consulta salga ordenada por uno o más campos.

6. **Visible**: es importante que en esta fila se tenga la casilla de verificación activada en todos los campos que se deseen mostrar. Solo se desactiva cuando no queramos que se visualice un campo que forma parte de la consulta.

7. **Función**: sirve para realizar distintas operaciones sobre los valores de los campos.

8. **Criterios**: sirve para especificar criterios de búsqueda. Es la condición que deben cumplir los registros para que aparezcan en el resultado de la consulta. Está formado por una o varias condiciones unidas por los operadores "Y" u "O".

9. **O**: todas las filas que tiene la "O" son para especificar criterios, de los cuales, para que se muestre, solo es necesario que cumpla uno el registro.

10. **Cuadrícula de diseño**: donde se define la consulta.

2. Tipos de consulta. Selección de registros de tabla. Modificación de registros, estructura de la tabla o base de datos

Los tipos de consultas que existen en LibreOffice Base son:

■ **Consultas de selección**

Una consulta de selección sirve para presentar datos.

Muestran aquellos datos de una tabla que cumplen los criterios especificados.

Una consulta de selección genera una tabla que no está físicamente en el disco duro, sino en la memoria del ordenador y cada vez que se abre la consulta se vuelve a calcular.

Dentro de las consultas de selección podemos realizar ciertas operaciones con los registros y utilizar parámetros.

■ **Consultas específicas de SQL**

Son consultas que no se pueden definir desde la cuadrícula de diseño o desde el asistente, sino que se tienen que definir directamente en SQL. Por ejemplo, las consultas de acción, que realizan cambios en la tabla, tenemos que hacerlas en SQL.

Las consultas que podemos crear en LibreOffice Base nos permiten seleccionar registros de una tabla o consulta que cumpla unos determinados criterios.

Las consultas que realizan cambios en los registros de la tabla, que permiten anexar datos de una tabla a otra o crear nuevas tablas en las bases de datos, no se pueden crear con el asistente de consultas o en la vista diseño de la consulta. Tendremos que recurrir al lenguaje de programación SQL para poder realizarlas.

La estructura del código SQL para actualizar los datos de una tabla sería:

→   UPDATE nombre_tabla

→   SET nombre_columna=valor

→   WHERE alguna_condición

3. Guardado de una consulta

Una vez definida y comprobada que está correcta la consulta, con la opción **Ejecutar consulta**, debemos guardarla para poder ejecutarla tantas veces como necesitemos, sin tener que volver a definirla.

Para guardar una consulta podemos hacerlo de dos formas:

*   Al cerrar la consulta se nos muestra un cuadro de diálogo para que indi-quemos si deseamos guardarla y, en el caso de que le indiquemos que sí, tendremos que introducir el nombre con el que queremos guardarla.

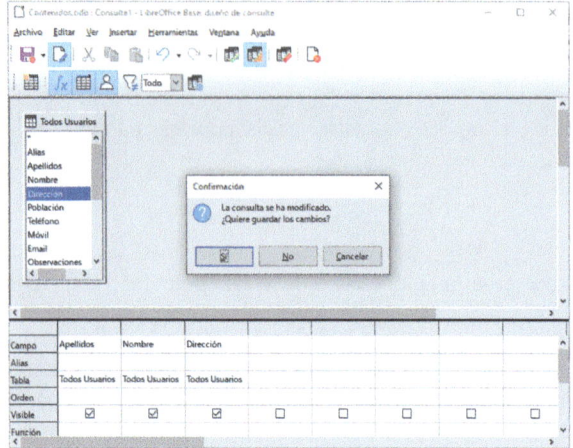
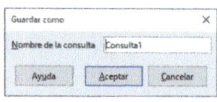

Guardar los cambios al cerrar una consulta

✽   También podemos guardar la consulta y seguir trabajando en la vista diseño, pulsando el botón *Guardar* de la barra de herramientas de *Diseño de consulta*. Se nos mostrará el cuadro de diálogo para ponerle el nombre a la consulta.

Botón Guardar de la barra de herramientas de Diseño de consulta

4. Ejecución de una consulta

Para ejecutar una consulta podemos hacerlo de varias formas:

→   Si estamos en la ventana principal de la base de datos, podemos hacer un doble clic con el ratón sobre la consulta que deseamos ejecutar.

→   Pulsando con el botón derecho del ratón y seleccionar la opción *Abrir*.

→   Pulsando en el botón *Editar* de la barra de herramientas de la consulta.

Botón Editar de la barra de herramientas de la consulta

→ Si estamos en la vista diseño de la consulta, podemos pulsar el botón *Ejecutar Consulta* de la barra de herramientas *Diseño de la consulta* o utilizar la tecla de función F5.

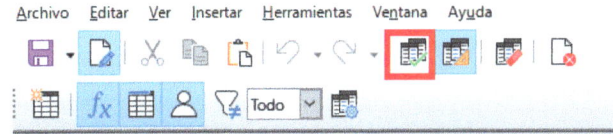

Botón Ejecutar Consulta de la barra de herramientas Diseño de la consulta

→ Por último, tenemos la posibilidad de mostrar el resultado de la consulta en la ventana principal de la base de datos. Seleccionamos la consulta, desplegamos el botón que tenemos en la parte derecha y seleccionamos *Documento*.

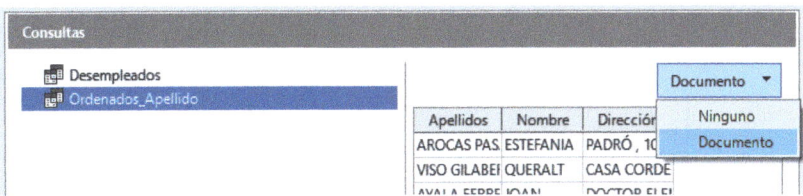

Opción Documento

5. Impresión de resultados de la consulta

En algunas ocasiones nos interesará imprimir las consultas en papel, aunque para esto sería mejor definir un informe.

Se pueden imprimir las consultas, pero no directamente desde LibreOffice Base.

Los pasos a seguir para imprimir una consulta son los siguientes:

■ Abrimos un documento de texto en Writer o una hoja de cálculo en Calc.

■ Seleccionamos la consulta que deseemos imprimir y la arrastramos hasta el documento de texto o la hoja de cálculo.

■ Los datos se insertan en el documento y ya podremos imprimirlo.

6. Apertura de una consulta

Ya hemos visto las distintas formas de ejecutar una consulta, siendo la más práctica el doble clic sobre la consulta que deseamos abrir si queremos ver los datos.

Por el contrario, si lo que queremos es modificar la estructura de la consulta, tenemos que editarla pulsando el botón de derecho del ratón encima de la consulta y seleccionando la opción *Editar*.

Si realizamos cambios o introducimos nuevos registros en los datos de la tabla sobre los que se hizo la consulta, esta se actualizará automáticamente al abrirse la consulta y reflejará los cambios.

7. Modificación de los criterios de consulta

7.1. Introducción

Una vez creada una consulta de selección podemos necesitar modificarla para cambiar su criterio, cambiar de posición los campos, añadir algún campo a la consulta o, simplemente, deseamos que esos registros se muestren ordenados de forma ascendente o descendente por un determinado campo.

Para ello, haríamos clic con el botón derecho del ratón encima de la consulta y seleccionaríamos *Editar.*

Podemos mover una columna y arrastrarla a otra posición. Para ello debemos colocar el cursor en el extremo superior de la columna y, cuando aparezca la flecha negra, hacer clic (la columna aparecerá seleccionada), mover el cursor para que cambie a flecha blanca y, sin soltarlo, arrastrar la columna a la nueva posición.

7.2.   Criterios de consulta

Cuando realizamos una consulta de selección estableciendo criterios para filtrar los registros que cumplen una determinada condición, nos pueden resultar útiles las siguientes **expresiones:**

- **=**: igual que.

- **<>**: distinto de.

- **>**: mayor que.

- **<**: menor que.

- **>=**: mayor o igual que.

- **<=**: menor o igual que.

- **Como**: especificaremos el texto que debe contener el campo o cuando deseamos utilizar los caracteres comodín para los campos texto.

- **No como**: especificaremos el texto que no debe contener el campo.

- **Nulo**: campos vacíos.

- **No Nulo**: campos no vacíos.

Estas expresiones son las que se pueden seleccionar al hacer la consulta con el asistente de consultas, pero ¿qué expresión utilizo si la hago a través de la vista diseño de la tabla?:

- IS EMPTY: nulo.

Campo	Alias	Móvil	Apellidos	Nombre	Fecha_Nacimien	Desempleado
Alias						
Tabla	Todos Usuarios					
Orden						
Visible	☑	☑	☑	☑	☑	☑
Función						
Criterio		IS EMPTY				

Ejemplo: muestra todos los registros en el que el campo del móvil está vacío

◆ IS NOT EMPTY: no está vacío.

Campo	Alias	Móvil	Apellidos	Nombre	Fecha_Nacimien	Desempleado
Alias						
Tabla	Todos Usuarios	Todos Usuarios	Todos Usuarios	Todos Usuarios	Todos Usuarios	Todos Usuarios
Orden						
Visible	☑	☑	☑	☑	☑	☑
Función						
Criterio		IS NOT EMPTY				

Ejemplo: muestra todos los registros en el que el campo del móvil no está vacío

◆ LIKE: es un elemento que se usa cuando utilizamos el carácter comodín del
* (sustituye a un grupo de caracteres) o la interrogación (sustituye a un solo
carácter).

Campo	Alias	Móvil	Apellidos
Alias			
Tabla	Todos Usuarios	Todos Usuarios	Todos Usuarios
Orden			
Visible	☑	☑	☑
Función			
Criterio			Like A*
o			

Ejemplo: muestra todos los registros cuyo nombre comienza por la letra A

◆ NOT LIKE: no es un elemento de.

Campo	Alias	Apellidos	Estado_Civil	Móvil
Alias				
Tabla	Todos Usuarios	Todos Usuarios	Todos Usuarios	Todos Usuarios
Orden				
Visible	☑	☑	☑	☑
Función				
Criterio		Not Like A*		
o				

Ejemplo: muestra todos los registros que no comiencen por la letra A

◆   BETWEEN x AND y: comprendido en el intervalo [x,y].

Campo	Alias	Móvil	Apellidos	Nombre	Fecha_Nacimiento
Alias					
Tabla	Todos Usuarios	Todos Usuarios	Todos Usuarios	Todos Usuarios	Todos Usuarios
Orden					
Visible	☑	☑	☑	☑	☑
Función					
Criterio					BETWEEN 01/01/1964 AND 31/12/1964
o					
o					

Ejemplo: muestras todos los usuarios que hayan nacido en el año 1964

◆   NOT BETWEEN x AND y: no comprendido en el intervalo [x,y].

Campo	Alias	Móvil	Apellidos	Nombre	Fecha_Nacimiento
Alias					
Tabla	Todos Usuarios	Todos Usuarios	Todos Usuarios	Todos Usuarios	Todos Usuarios
Orden					
Visible	☑	☑	☑	☑	☑
Función					
Criterio					NOT BETWEEN #01/01/1964# AND #31/12/1964#
o					
o					
o					

Ejemplo: muestra todos los registros que no hayan nacido en el año 1964

◆   IN (a; b; c...): contiene a, b, c…

Campo	Alias	Móvil	Apellidos	Nombre	Ingresos_mensuales
Alias					
Tabla	Todos Usuarios	Todos Usuarios	Todos Usuarios	Todos Usuarios	Todos Usuarios
Orden					
Visible	☑	☑	☑	☑	☑
Función					
Criterio					IN (1500; 1000)

Ejemplo: nos muestra todos los registros que tengan 1.500 o 1.000 de ingresos mensuales

◆ NOT IN (a; b; c...): no contiene a, b, c…

Campo	Alias	Móvil	Apellidos	Nombre	Ingresos_mensuales
Alias					
Tabla	Todos Usuarios	Todos Usuarios	Todos Usuarios	Todos Usuarios	Todos Usuarios
Orden					
Visible	☑	☑	☑	☑	☑
Función					
Criterio					NOT IN (1500; 1000)

Ejemplo: nos muestra todos los registros que no tengan 1.500 o 1.000 de ingresos mensuales

◆ = TRUE: tiene el valor verdadero en los campos tipo "Sí" o "No".

Campo	Alias	Móvil	Apellidos	Nombre	Desempleado
Alias					
Tabla	Todos Usuarios	Todos Usuarios	Todos Usuarios	Todos Usuarios	Todos Usuarios
Orden					
Visible	☑	☑	☑	☑	☑
Función					
Criterio					TRUE

Ejemplo: nos muestra todos los registros que sean desempleados

◆ = FALSE: tiene el valor falso, en los campos tipo "Sí" o "No".

Campo	Alias	Móvil	Apellidos	Nombre	Desempleado
Alias					
Tabla	Todos Usuarios	Todos Usuarios	Todos Usuarios	Todos Usuarios	Todos Usuarios
Orden					
Visible	☑	☑	☑	☑	☑
Función					
Criterio					FALSE

Ejemplo: nos muestra todos los registros que no sean desempleados

8. Eliminación de una consulta

Para eliminar una consulta podemos hacerlo con cualquiera de las siguientes opciones:

✳ Seleccionamos la consulta, hacemos clic en el menú de *Editar* y seleccionamos la opción *Eliminar*.

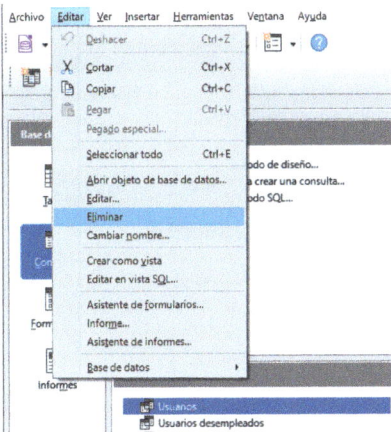

Editar/Eliminar

✳ Pulsamos el botón derecho sobre la consulta y elegimos la opción *Eliminar*.

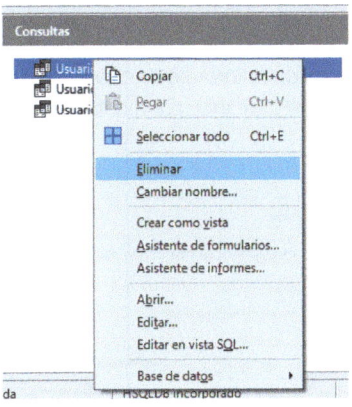

Menú contextual/Eliminar

* Seleccionamos la consulta y pulsamos en la tecla Supr.

* Seleccionamos la consulta y pulsamos el botón *Eliminar* de la barra de herramientas de la consulta.

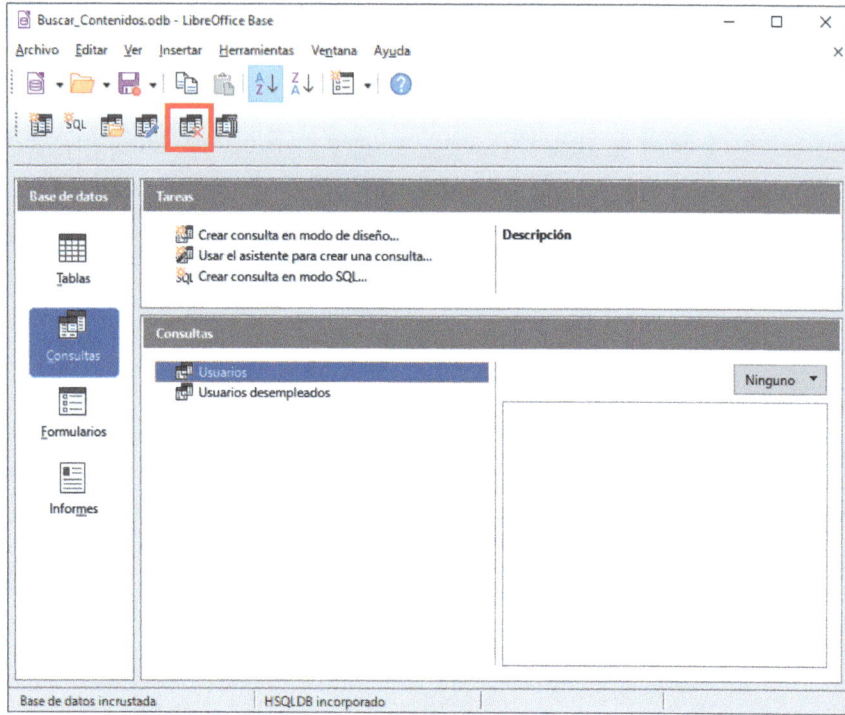

Botón eliminar

Independientemente de la forma que elijamos para eliminar la consulta, nos aparecerá la siguiente ventana que mostrará un mensaje para confirmar la eliminación:

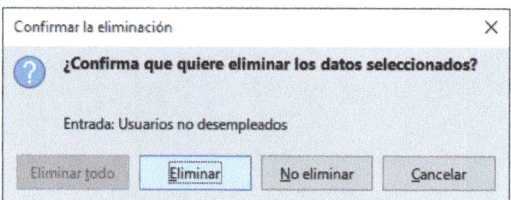

Confirmar la eliminación

9. Modificar el nombre de una consulta

Para cambiar el nombre a una consulta podemos hacerlo con cualquiera de las siguientes opciones:

- Seleccionamos la consulta, hacemos clic en el menú *Editar* y seleccionamos la opción *Cambiar nombre*.

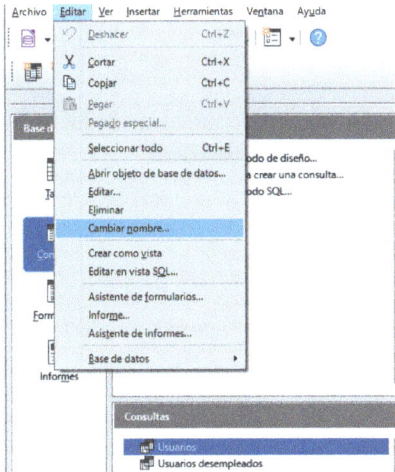

Editar/Cambiar nombre

- Pulsamos el botón derecho sobre la consulta y elegimos la opción *Cambiar nombre*.

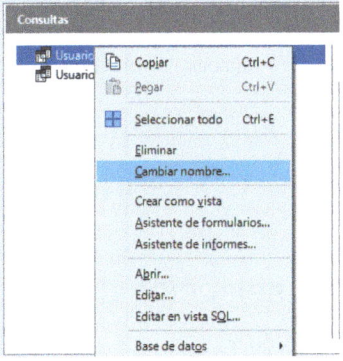

Menú contextual/Cambiar nombre

■ Seleccionamos la consulta y pulsamos el botón *Cambiar nombre* de la barra de herramientas de la consulta.

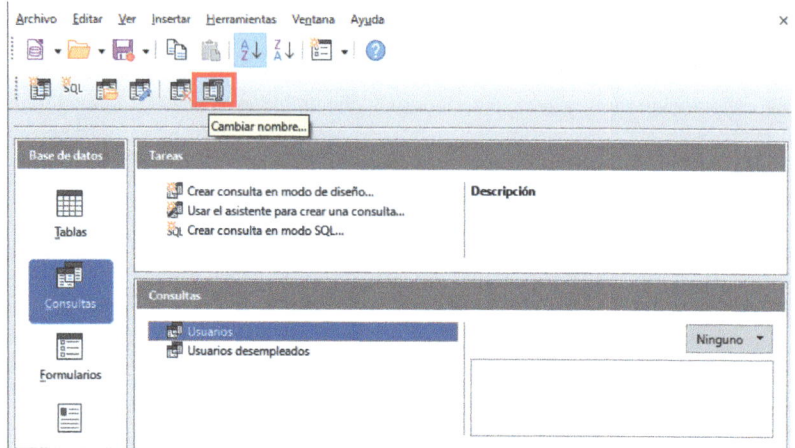

Botón Cambiar Nombre de la barra de herramientas de la consulta

Independientemente de la forma que utilicemos para cambiar el nombre de la consulta, se nos visualizará el cuadro de diálogo *Cambiar Nombre a* para escribir el nuevo nombre.

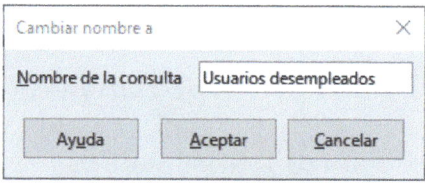

Cambiar nombre a

10. Tipos de consulta

10.1. Consultas de selección de tablas relacionadas

Si queremos crear una consulta basada en 2 tablas que ya están relacionadas:

◆ Vamos a **Consultas** y creamos la consulta en modo diseño.

◆ Seleccionamos una de las tablas y pulsamos el botón *Añadir*.

◆ Seleccionamos la otra tabla y pulsamos el botón *Añadir*.

◆ Ya tenemos las dos tablas y, como estaban relacionadas, también nos aparece en la consulta la relación. Añadimos todos los campos que necesitemos de cada una de las tablas.

◆ Ejecutamos la consulta pulsando F5.

Si las tablas no están previamente relacionadas, también podemos crear manualmente dichas combinaciones, simplemente se arrastra un campo de un origen de datos a un campo de otro origen de datos. Base muestra una línea entre los dos campos para indicar que se ha creado una combinación.

Cuando dos tablas no están directamente relacionadas, pero sí lo están a través de una tercera, debe incluirse esta última en la consulta, aunque no se utilice ninguno de sus campos, con el fin de evitar resultados erróneos, multiplicidad de resultados, etc.

10.2. Consultas con parámetros

Cuando deseamos que una consulta **solicite un valor o un modelo** cada vez que se ejecuta se puede crear una consulta de parámetros. Es un tipo de consulta en la que el usuario especifica interactivamente uno o más valores de criterio.

Crear una consulta de parámetros es tan fácil como crear una consulta que usa criterios. Podemos diseñar una consulta de modo que se pida un solo dato o varios. Por cada parámetro, la consulta muestra un cuadro de diálogo independiente en el que se solicita un valor para ese parámetro.

Para crear una consulta paramétrica, hay que crear primero una consulta de selección.

Al insertar el parámetro en la fila criterios debe de comenzar por ":", además el texto del parámetro no puede tener espacios en blanco y no admite ninguno de los siguientes caracteres: <espacio>'!"$%^*()+={}[]@'~#<>?/,. Los nombres no pueden ser iguales que los nombres de los campos o las palabras reservadas de SQL, pero pueden ser iguales que los alias.

Podemos realizar consultas paramétricas algo más complejas, permitiendo usar comodines, criterios "Y" u "O", operadores > <, etc.

→ Consulta parámetro comodín:

Campo	Id AULA	AULA	NOMBRE	APELLIDOS
Alias				
Tabla	TABLA AULAS	TABLA AULAS	TABLA PROFESO	TABLA PROFESORAS
Orden				
Visible	☑	☑	☑	☑
Función				
Criterio				LIKE ('%' || :Apellidos || '%')
o				

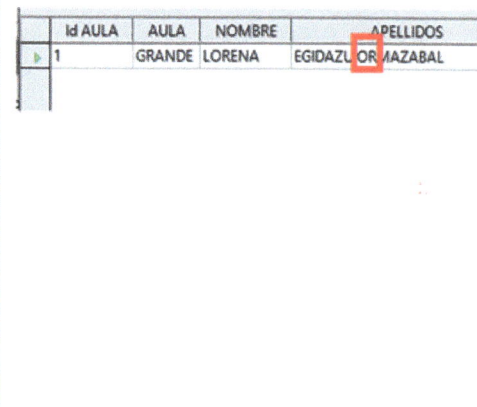

116

→ Consulta con parámetros para mostrar cifras entre dos valores:

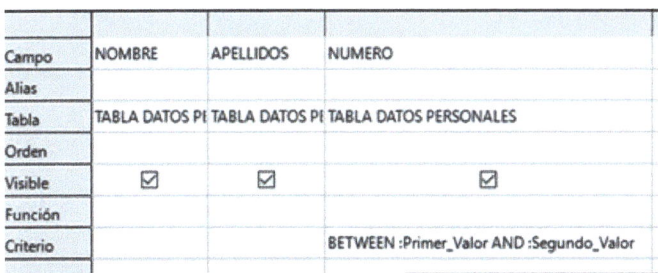

Campo	NOMBRE	APELLIDOS	NUMERO
Alias			
Tabla	TABLA DATOS PE	TABLA DATOS PE	TABLA DATOS PERSONALES
Orden			
Visible	☑	☑	☑
Función			
Criterio			BETWEEN :Primer_Valor AND :Segundo_Valor

→ Consulta con parámetros para mostrar cifras iguales o mayores a un valor:

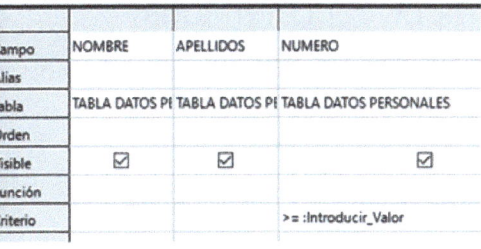

Campo	NOMBRE	APELLIDOS	NUMERO
Alias			
Tabla	TABLA DATOS PE	TABLA DATOS PE	TABLA DATOS PERSONALES
Orden			
Visible	☑	☑	☑
Función			
Criterio			> = :Introducir_Valor

10.3. Consultas con campos calculados

Este tipo de consultas de selección permiten crear un campo nuevo cuyos datos sean el resultado de un cálculo.

Para crear una consulta de este tipo, primero habrá que crear una consulta de selección.

También se pueden crear campos calculados en los formularios y en los informes.

Imaginemos que tenemos una tabla con un campo que se llama Número y queremos crear un campo calculado que nos indique el valor que tendría ese campo si lo incrementamos un 20%:

- *Empezamos creando una consulta en la vista diseño de la tabla.*

- *Llevamos el campo Número a la cuadrícula de diseño.*

- *Nos colocamos en la fila Campo de la primera columna que está en y escribimos: NUMERO * 0.20.*

- *Pulsamos F5 para ejecutar la consulta y ya tenemos el resultado.*

10.4. Consultas con campos concatenados

Este tipo de consultas de selección permite crear un campo nuevo cuyos datos sean el resultado de varios campos de texto en uno solo.

Queremos unir dos campos (NOMBRE y APELLIDOS) como si fuesen uno solo:

- *Lo primero que tenemos que hacer es crear una consulta de la tabla en la vista diseño.*

- *Llevamos los dos campos a la cuadrícula de diseño.*

- *En la primera columna vacía nos colocamos en la fila Campo y escribimos la siguiente expresión "NOMBRE" || ' ' || "APELLIDOS".*

- *Ejecutamos la consulta pulsando la tecla de función F5.*

Hay que tener en cuenta que en la expresión se debe indicar siempre el nombre de los campos entre comillas y escribirlo tal cual está, respetando las mayúsculas y minúsculas. El símbolo || nos permite unir el texto.

10.5. Consulta de totales

Es un tipo de consulta que **permite realizar cálculos** como sumas, medias, valores máximos, mínimos, etc.

En una consulta de totales se pueden aplicar diversas funciones, las más habituales son las siguientes:

→ **Función**. Calcula el valor medio de una columna. La columna debe contener datos numéricos, de moneda o de fecha y hora. La función pasa por alto los valores nulos.

→ **Recuento**. Cuenta el número de elementos en una columna. Se puede utilizar con todos los tipos de datos.

→ **Máximo**. Devuelve el elemento de mayor valor. En el caso de los datos de texto, el mayor valor es el último valor alfabético y Base distingue mayúsculas de minúsculas.

→ **Mínimo**. Devuelve el elemento de menor valor. En el caso de los datos de texto, el menor valor es el primer valor alfabético y Base distingue mayúsculas de minúsculas.

→ **Suma**. Suma los elementos de una columna. Funciona únicamente con datos numéricos y monetarios.

→ **Cualquiera**. Se utiliza en el caso de campos de tipo Boolean, es decir, cuyo valor es Sí o No. Permite saber si todos los valores son Sí o hay alguno que no lo es. De este modo, si todos lo son obtendrá un Sí, mientras que en caso contrario obtendrá un No.

→ **Alguno**. Es similar a la anterior, pero en este caso la función devolverá Sí en caso de que alguno de los valores sea Sí y No en caso de que todos los valores sean No.

→ **STDDEV_SAMP**. Es una función estadística que devuelve la desviación típica de un grupo de datos numéricos.

→ **VAR_POP**. Devuelve la varianza de un grupo de números.

→ **Agrupar**. Nos permite agrupar por un campo para luego realizar el cálculo.

Resumen

En esta unidad:

- Hemos estudiado la creación, modificación y eliminación de consultas a través del asistente y de la vista diseño de la consulta.

- Hemos aprendido a crear una consulta, distinguir los tipos de consulta, así como guardar y ejecutar una consulta.

- Se nos ha mostrado cómo imprimir los resultados de una consulta.

- Se nos ha explicado el modo de abrir, eliminar una consulta y modificar los criterios de la misma.

- Hemos aprendido a crear criterios dinámicos a través de las consultas de parámetros.

- Hemos creado consultas que nos permitan realizar pequeñas operaciones con los registros de las tablas a través de las consultas de totales.

UNIDAD 5
DIDÁCTICA

Creación de formularios para introducir y mostrar registros de las tablas o resultados de consultas

Objetivos

- ☑ Identificar la utilidad de los formularios, en el ámbito empresarial, a través de las funciones de introducción y modificación de datos e imágenes.

- ☑ Crear formularios utilizando los diferentes métodos existentes de la aplicación.

- ☑ Diferenciar los distintos tipos de formatos en los formularios en función de su uso.

- ☑ Utilizar las herramientas y elementos de diseño de formularios creando estilos personalizados.

Contenido

Introducción

Un **formulario** es un diseño que permite introducir, modificar y presentar los registros que forman parte de una o varias tablas o consultas. Es posible crearlos, modificarlos, almacenarlos, modificarlos, eliminarlos e imprimirlos.

1. Creación de formularios sencillos de tablas y consultas

1.1. Introducción

*Un **formulario** es un diseño que permite introducir, modificar y presentar los registros que forman parte de una o varias tablas o consultas de manera atractiva y sencilla.*

A los formularios se les conoce como "pantallas de entrada de datos".

Si un formulario es visualmente atractivo, resultará más agradable y eficaz trabajar con una base de datos, además de ayudar a evitar que se introduzcan datos incorrectos.

LibreOffice Base nos ayuda a crear formularios con rapidez, así como nuevos tipos de formularios y nuevas características que mejoran el uso de las bases de datos.

1.2. Diferentes vistas en los formularios

Cuando se crea un formulario podemos visualizarlo de dos formas diferentes, al igual que el resto de los objetos de la base de datos:

- **Vista diseño del formulario**, que nos permite modificar el diseño del formulario, añadir campos, eliminarlos, darles formato, etc.

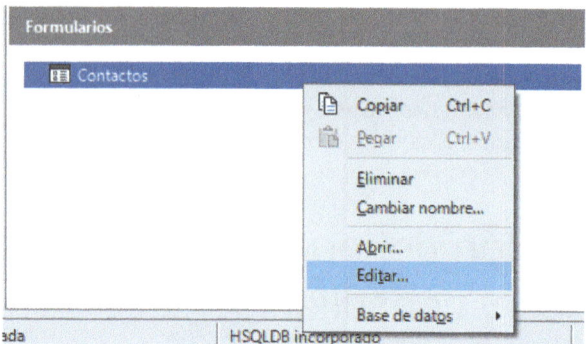

Botón derecho/Editar

■ **Vista del formulario,** que nos permite trabajar con los registros, añadir, eliminar, modificar, etc.

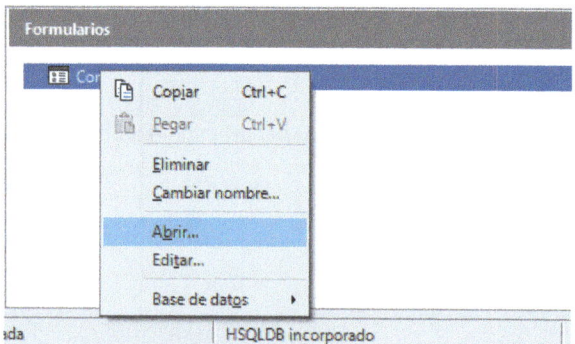

Botón derecho/Abrir

1.3.   Crear formularios

1.3.1.   Crear un formulario con el asistente

Para seleccionar con mayor facilidad los campos que van a aparecer en un formulario podemos usar el *Asistente para formularios*.

El asistente permite definir cómo se agrupan y se ordenan los datos, y usar campos de más de una tabla o consulta, siempre y cuando definamos con antelación las relaciones entre las tablas y consultas.

LibreOffice Base utiliza el procesador de texto para crear el formulario, por lo que al crear un formulario se nos abrirá el procesador de textos Writer.

Para crear un formulario:

* En *Formularios*, seleccionamos *Crear un formulario mediante el asistente*.

* En el paso 1 tenemos que seleccionar la tabla o consulta para crear el formulario y, a continuación, los campos que deseemos.

* En el paso 5 podemos seleccionar cómo organizar los controles en el formulario.

* En el paso 6 configuraremos el formulario para introducir datos o para mostrarlos.

* En el paso 7 seleccionaremos el estilo que vamos a aplicar.

* En el paso 8 establecemos el nombre.

1.3.2. Crear un formulario en modo diseño

Para crear un formulario en modo diseño:

* En *Formularios*, seleccionamos *Crear formulario en modo diseño*.

* Pulsamos en el botón *Navegador de Formularios* en la barra de diseño del formulario, que, por defecto, está situada en la parte inferior de la pantalla.

* En el cuadro de dialogo que se activa, pulsamos el botón derecho encima de *Formularios*, seleccionamos *Nuevo/Formulario* y escribimos el nombre.

* Pulsamos en el botón *Propiedades del formulario* para indicar sobre qué tabla o consulta queremos basar el formulario.

* Pulsamos en el botón *Añadir campos* de la barra de diseño del formulario.

* Pulsamos encima de cada campo y los vamos arrastrando hacia el formulario.

* Desplazamientos por los registros.

Una vez creado un formulario, podemos movernos por los diferentes registros a través de la barra de botones de desplazamiento que aparecen en la parte inferior de la ventana.

Para ir a la vista del formulario pulsamos en él con el botón derecho y seleccionamos la opción *Editar*.

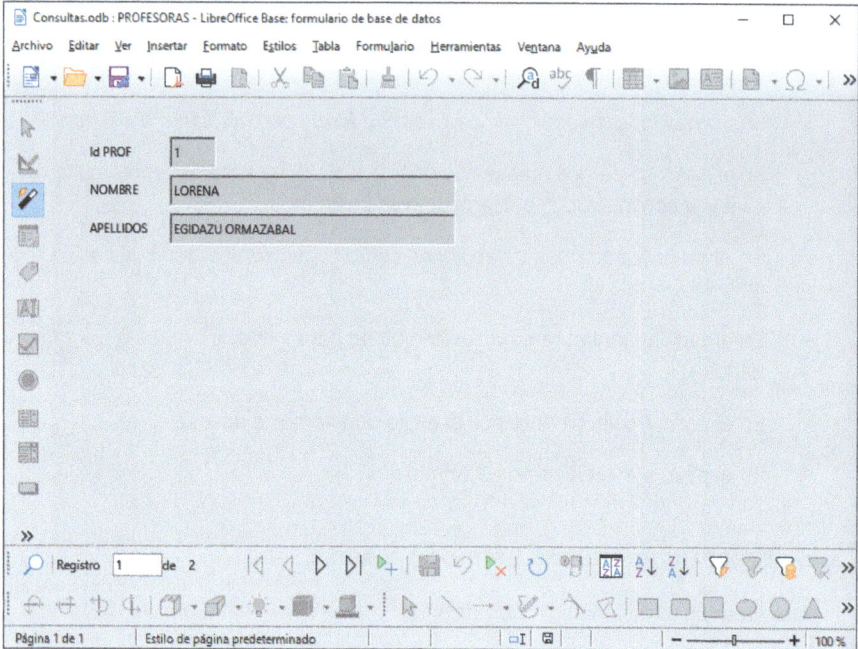

Vista del formulario

1.4. Trabajar con los datos

→ **Añadir registro**: podemos insertar registros nuevos utilizando el botón ***Registro nuevo*** de la barra de herramientas de navegación del formulario.

La pantalla del formulario nos quedará en blanco para que vayamos cubriendo los datos del nuevo registro.

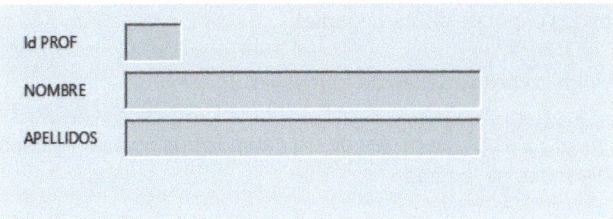

Nuevo registro

→ **Eliminar registro:** nos situamos en el registro que queremos eliminar y pulsamos en el botón ***Eliminar registro*** ▶× , situado en la barra de herramientas de navegación del formulario.

→ **Otras operaciones con registros:** podemos buscar, reemplazar, filtrar u ordenar registros siguiendo los mismos pasos que se vieron en el caso de las tablas.

Navegación de formulario

2. Personalización de formularios utilizando diferentes elementos de diseño

2.1. Trabajar en vista diseño

Cuando se muestra en la vista diseño, el formulario no se está ejecutando, por lo que no se pueden ver los datos subyacentes mientras se realizan cambios de diseño.

En este modo de vista se puede:

■ Agregar una mayor variedad de controles al formulario, como etiquetas, imágenes, líneas y rectángulos.

Cuando se crea un formulario podemos visualizarlo de dos formas diferentes: vista formulario y vista diseño.

Para visualizarlo con la vista diseño hacemos clic con el botón derecho del ratón encima del formulario que deseamos y seleccionamos la opción Editar.

- Editar los orígenes de los controles.

- Cambiar las propiedades de formulario.

- Definir algunas propiedades de los campos que no estén disponibles en las propiedades de la tabla.

2.2. Diferentes tipos de controles en un formulario

*Los **controles** son objetos que muestran datos, realizan acciones y permiten ver y trabajar con información que mejore la interfaz de usuario, como las imágenes. El control más común es el cuadro de texto, pero también hay otros controles como etiquetas, casillas de verificación, etc.*

Los controles los podemos clasificar en:

* **Control dependiente:** los controles cuyo origen de datos son campos de una tabla o una consulta se denominan controles dependientes.

  Los controles dependientes se usan para mostrar valores procedentes de los campos de las bases de datos.

* **Control independiente:** los controles que no tienen orígenes de datos son controles independientes.

  Los controles independientes se usan para mostrar información, líneas, rectángulos e imágenes.

* **Control calculado:** un control cuyo origen de datos es una expresión, en vez de un campo, se denomina control calculado.

  Se puede crear un campo nuevo aplicando una fórmula a uno o más campos ya existentes.

LibreOffice Base crea el control apropiado para mostrar cada campo y enlaza el control al campo. Además, Base crea una etiqueta adjunta para el control.

2.3. Venta de diseño de formulario

Al abrir un formulario en el modo edición se nos muestra la ventana de la vista diseño del formulario que, como ya comentamos, es la ventana de Writer, pero con una serie de elementos que nos permitirán definir el diseño de nuestro formulario.

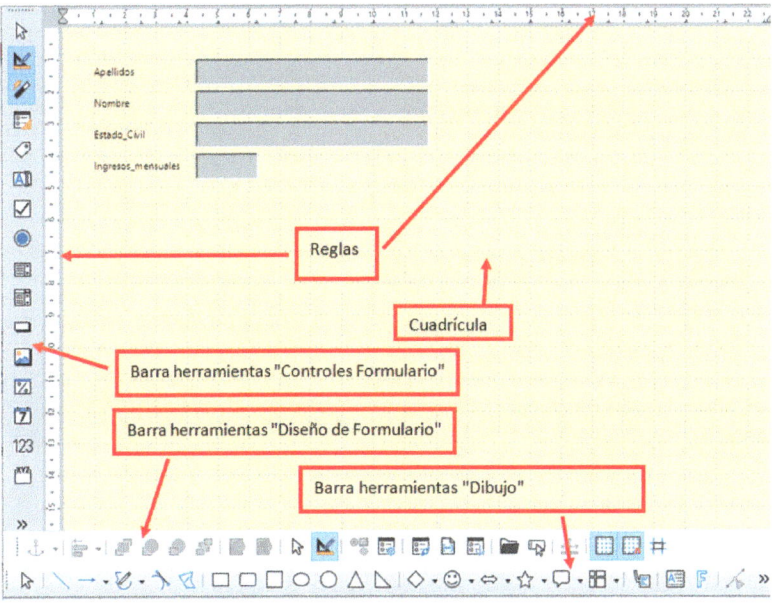

Vista diseño de formulario

Si pulsamos el botón derecho del ratón encima de una de las reglas, podemos cambiar la unidad de medida de la regla.

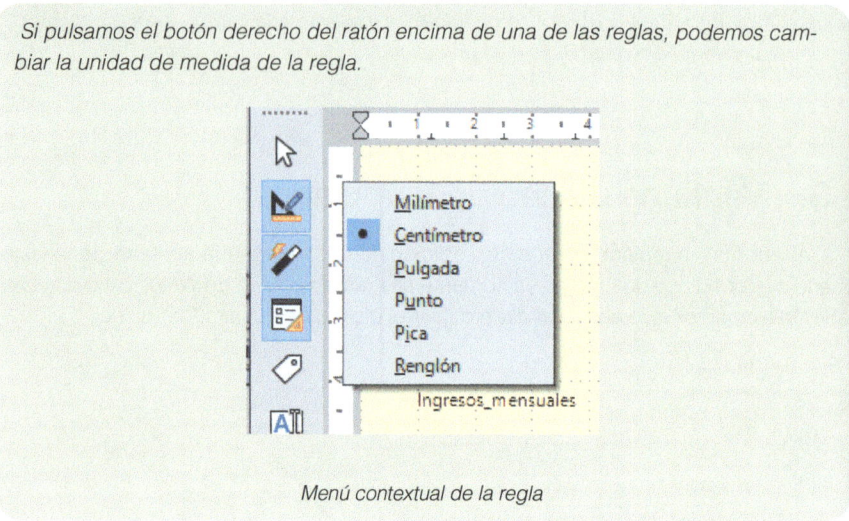

Menú contextual de la regla

2.4. Seleccionar controles

Para realizar el diseño del formulario vamos a tener que realizar diversas operaciones con los controles.

Al hacer clic sobre cualquier control se selecciona el control dependiente e independiente.

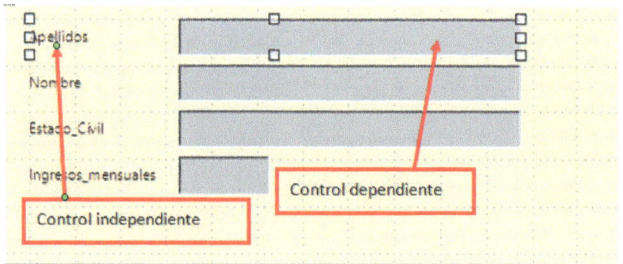

Controles seleccionados

El **control dependiente** es el campo de la tabla o consulta y el **control independiente** es el que no contiene los datos de la tabla, es decir, es un texto que nos permite identificar al control dependiente.

Si deseamos seleccionar uno de los dos controles, dependiente o independiente, pulsamos la tecla Ctrl y, sin soltarla, hacemos clic encima del control que deseamos seleccionar.

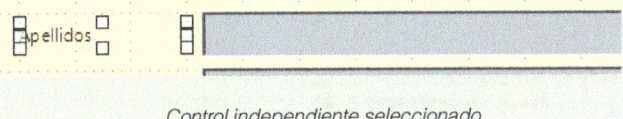

Control independiente seleccionado

2.5. Navegador de formularios

En la barra de herramientas de diseño de formulario tenemos el botón **Navegador de formularios**.

Botón Navegador de formularios

El *Navegador de formularios* nos permite seleccionar los diferentes controles que tengamos insertados, tanto de forma individual como múltiple, como los controles independientes y dependientes.

Los controles independientes son controles realizados con el control **Etiqueta.** Precisamente, en el *Navegador de formularios,* se muestran con el dibujo de una etiqueta en la parte izquierda.

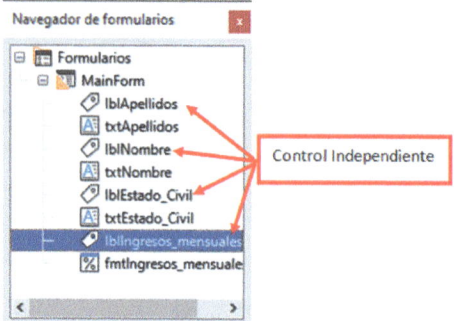

Controles independientes en el Navegador de formularios

Los controles dependientes aparecen representados en el Navegador de formularios con el dibujo de un cuadro texto en la parte izquierda, debido a que se crean con este tipo de control.

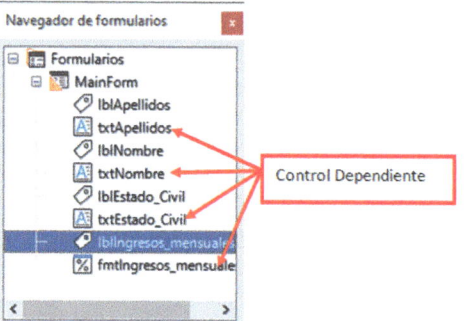

Controles dependientes en el Navegador de formularios

Si pulsamos encima de un control, haciendo clic con el botón izquierdo, seleccionamos ese control. Pero si mantenemos la tecla Ctrl pulsada mientras hacemos clic con el ratón se van a añadiendo controles a la selección.

La tecla Ctrl se utiliza cuando deseamos seleccionar controles que no sean contiguos.

Si deseamos seleccionar una serie de controles que estén contiguos, haremos clic con el botón izquierdo encima del primero, pulsamos la tecla Mayus y, sin soltarla, hacemos clic con el botón izquierdo del ratón en el último control que deseamos seleccionar.

2.6. Mover y cambiar el tamaño de un control

Para **mover un control** seleccionamos el campo correspondiente haciendo clic en él y le arrastramos cuando el puntero del ratón se transforme en una cruz de cuatro flechas.

Para **cambiar el tamaño** de un control seleccionamos el campo de deseemos modificar, nos ubicamos en uno de los cuadros que se activan alrededor del control y, cuando el puntero del ratón se transforme en una flecha de 2 puntas, arrastramos hasta el tamaño deseado.

Para establecer el tamaño y la posición del control con más exactitur podemos hacerlo con el botón *Posición y tamaño*.

Botón Posición y tamaño

2.7. Alinear controles

Cuando estamos moviendo los controles, aunque podemos utilizar la cuadrícula para apoyarnos, es más rápido utilizar la opción que nos permita alinearlos todos de una sola vez.

Para alinear los controles por la parte izquierda:

♦ *Lo primero que tenemos que hacer es seleccionarlos. Para ello utilizamos el botón Selección.*

♦ *Pulsamos el botón derecho del ratón encima de la selección y, en el menú de con-texto, seleccionamos Alinear objetos/Izquierda.*

2.8. Desagrupar controles

Cuando seleccionamos un campo se selecciona tanto el cuadro de texto como su etiqueta, ya que, por defecto, tanto la etiqueta como el campo están agrupados.

Para desagruparlo, una vez seleccionado, hacemos clic con el botón derecho del ratón sobre el control y seleccionamos la opción de *Desagrupar.*

A partir de este momento son dos objetos separados y podemos seleccionar uno u otro.

Pero también podemos hacer el orden inverso, es decir, agrupar dos controles que están separados. Para ello, seleccionamos la etiqueta y el campo y pulsamos botón derecho y la opción *Agrupar*.

2.9. Orden de activación

El **orden de activación** o **tabulación** es el orden en el que un usuario mueve el foco de un control a otro presionando la tecla Tab o Intro.

Cada formulario tiene su propio orden de tabulación o activación que, de forma predeterminada, es el mismo que el orden en el que se han creado los controles.

Para cambiar el orden de tabulación:

- ◆ Lo primero es abrir la vista diseño.
- ◆ Pulsamos el botón Orden de activación ⊞ .
- ◆ En el cuadro de diálogo pinchamos en los controles que deseemos subir o bajar.
- ◆ Vamos a la vista formulario pulsando en el botón ⊾ para comprobar la tabulación.

2.10. Aplicar formato a texto de un control

Para aplicar formato al texto de los controles de los formularios tendremos que acceder a las propiedades del control. Para ello seguiremos los siguientes pasos:

- ■ Seleccionamos el control o los controles a los que deseamos aplicar el formato.

Pulsamos el botón *Propiedades del control* de la barra de herramientas de diseño del formulario.

Botón Propiedades del control de la barra de herramientas de diseño

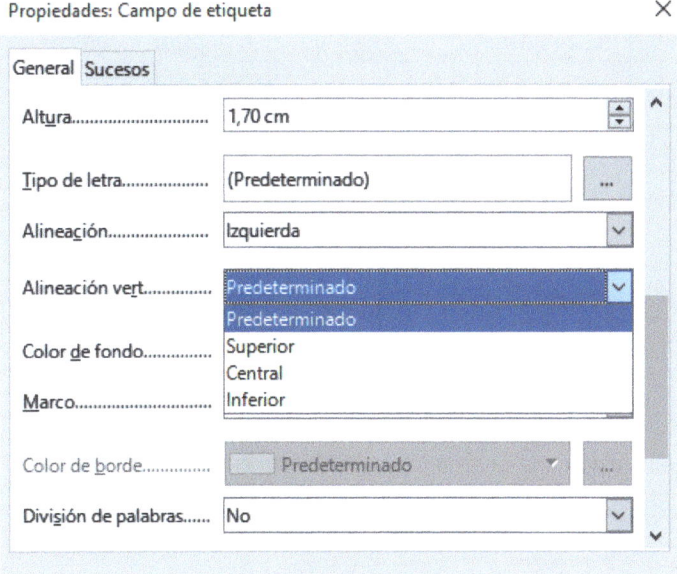

Propiedades

→ **Tipos de letra**: nos permite aplicar el formato a la fuente, para ello pulsamos en el botón con los tres puntos y aparece el cuadro de diálogo de carácter, en el que podemos aplicar la fuente, el estilo y el tamaño en la ficha *Tipo de letra*, mientras que en la ficha *Efectos tipográficos* podemos establecer el color de la fuente, si deseamos suprarrayado, tachado u subrayado y si deseamos aplicar algún efecto.

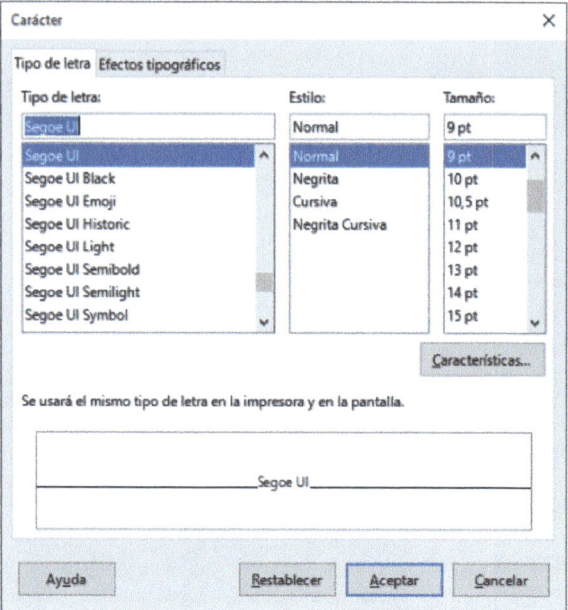

Cuadro de diálogo Carácter

→ **Alineación**: nos permite definir la alineación en horizontal del texto.

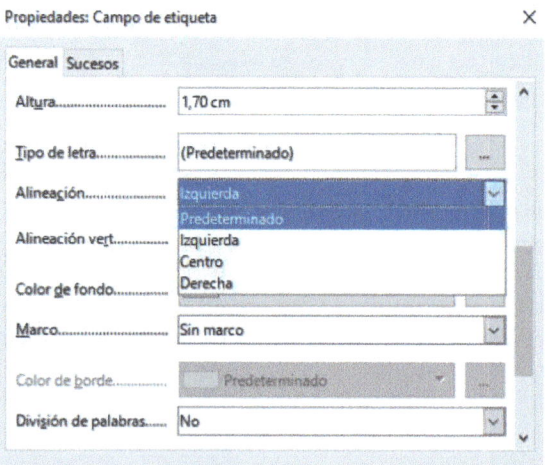

Flecha desplegada de Alineación

→ **Alineación vert.**: nos permite establecer la alineación del texto en sentido vertical.

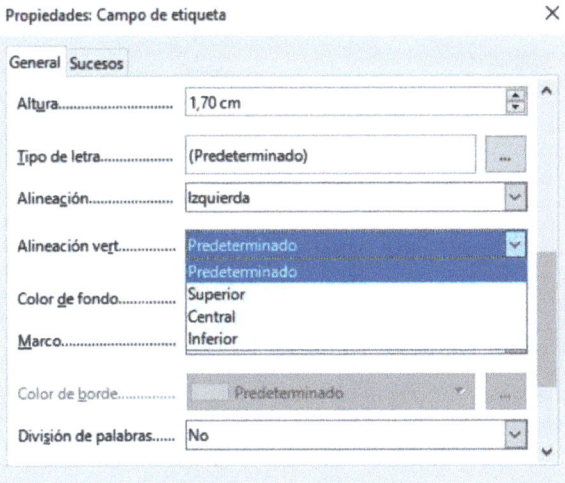

Flecha desplegada de Alineación vert.

2.11. Agregar un campo al formulario

Una vez creado el formulario puede ser necesario insertar algún campo. Para ello:

■ Una vez abierto el formulario en la vista diseño, pulsamos en el botón *Añadir campo* de la barra de herramientas de diseño de formulario.

Botón Añadir campo

■ Se nos muestra el cuadro *Añadir campos*, con todos los campos de la tabla o consulta que utilizamos para crear el formulario.

■ Para añadir el campo solo tenemos que seleccionar el campo deseado del cuadro *Añadir Campo* y arrastrarlo hacia la cuadrícula de la vista diseño.

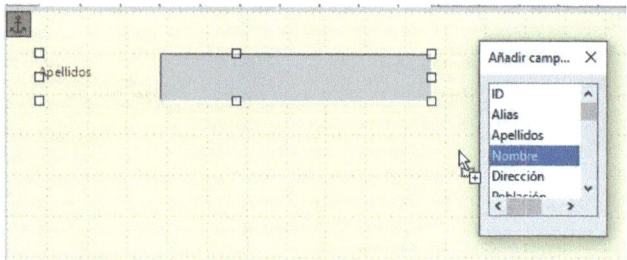

Añadir Campo

2.12. Agregar controles a un formulario

Podemos añadir nuevos controles al formulario para que la entrada de datos sea más cómoda o, simplemente, para crear un formulario más agradable a la vista.

Para poder agregar controles al formulario disponemos de la barra de herramientas **Controles de formulario.**

Controles de formulario

Cada uno de estos controles, de izquierda a derecha, permite:

* Seleccionar los controles.

* Cambiar entre la vista Diseño y la vista Formulario.

* Activar o desactivar el asistente de controles.

* Activar o desactivar la barra de herramientas del Diseño de formulario.

* Control etiqueta.

* Control cuadro de texto.

* Casilla.

* Botón de opción.

* Cuadro lista.

* Cuadro combinado.

* Botón.

* Botón imagen.

* Campo formateado.

* Campo de fecha.

* Campo numérico.

* Cuadro de grupo.

* Campo horario.

* Campo monetario.

* Campo enmascarado.

* Control tabla.

* Barra navegación.

* Control imagen.

* Selección de archivos.

* Control número.

* Barras de desplazamiento.

Si la barra de herramientas Controles de formulario no está visible, podemos mostrarla haciendo clic sobre el menú Ver/Barras de herramientas /Controles de formulario.

2.13. Etiquetas

Podemos añadir cualquier texto a un formulario mediante el control **Etiquetas.**

Para crear un campo etiqueta:

■ Abrimos en vista diseño el formulario.

■ Pulsamos el botón *Navegador de formularios* en la barra de herramientas de diseño de formularios.

■ Seleccionamos todos los campos del *Navegador de formularios*.

■ Desplazamos el ratón hacia los controles seccionados y cuando aparezca el aspa, pulsamos y arrastramos.

■ Cerramos la ventana de *Navegador de formularios* y pulsamos el botón *Etiqueta* en la barra de herramientas *Controles de formulario*.

■ Nos desplazamos a la zona en la que deseamos poner el texto, pulsamos y arrastramos hasta el tamaño que deseemos.

2.14. Crear un control de grupo de opciones

Mediante el comando *Grupo de opciones* podemos elegir entre varias opciones excluyentes.

Un **Grupo de opciones** muestra un conjunto limitado de alternativas y solo se puede seleccionar una opción del grupo de opciones a la vez.

Tenemos un formulario en que vamos a crear un grupo de opciones para un campo llamado Estado Civil para que se puedan seleccionar las opciones Soltero/a, Casado/a, Viudo/a, Divorciado/a. Para ello:

♦ *En Formularios, abrimos la vista diseño de formulario.*

♦ *Eliminamos el control dependiente de Estado Civil, puesto que tenemos que insertar un nuevo control para definir el grupo de opciones.*

♦ *En la barra de herramientas Controles del formulario hacemos clic encima del control Cuadro Grupo. Después, pulsamos y arrastramos en la zona del formulario donde queremos situar el cuadro de grupo.*

♦ *Se activa el Asistente de elemento de grupo.*

♦ *En el cuadro texto ¿Qué contenido deben tener los campos de opción? escribimos Soltero/a y lo añadimos a Campos de opción. Repetimos los pasos con el resto de valores del grupo.*

Si no se activa el Asistente nivel del grupo debemos comprobar que está activado el botón Alternar asistentes de controles de formulario .

2.15. Campo formateado

Se trata de un "campo texto" que permite aplicar automáticamente un formato determinado a la hora de mostrar su contenido en el formulario. Se suele utilizar con los datos:

- Numéricos.

- Moneda.

- Fecha.

- Hora.

El control de cuadro de lista muestra una lista de valores u opciones con una serie de características:

→ Contiene filas de datos y su tamaño hace que en todo momento se vean varias filas.

→ Las filas pueden tener una o varias columnas, que pueden aparecer con o sin encabezados.

→ Si la lista tiene más filas de las que se pueden mostrar en el control, Base mostrará una barra de desplazamiento vertical.

→ El usuario está limitado a las opciones que se ofrecen en el cuadro de lista. No permite escribir valores que no figuren en la lista.

Otras propiedades que le podemos definir a los campos formateados son las siguientes:

◆ ***Repetir****: nos permite modificar el valor al mantener pulsados los botones de aumentar o disminuir.*

◆ ***Demora****: podemos indicar el tiempo que tardará Base en cambiar el valor cuando tenemos la propiedad Repetir en Sí.*

2.16. Botón

Si deseamos añadir una imagen, tendríamos que seleccionarla en la propiedad Imagen del cuadro de diálogo Propiedades, pulsando en el botón de los 3 puntos.

Vamos a definir en un formulario un control Botón para eliminar un registro.

♦ *Abrimos en vista diseño el formulario.*

♦ *Pulsamos el icono botón* *y lo situamos en cualquier parte de la pantalla.*

♦ *Accedemos a las propiedades del control haciendo doble clic.*

♦ *En la ficha General buscamos la propiedad Acción, desplegamos la lista y seleccionamos Eliminar registro.*

♦ *Cerramos el cuadro de diálogo y pulsamos el botón Modo de diseño* *para ver el resultado en el formulario.*

Otras propiedades que le podemos definir al botón son las siguientes:

♦ **Alternar**: *si activamos esta propiedad, al pulsar el botón, este quedará pulsado hasta que pulsemos de nuevo encima de él. Por defecto esta propiedad está en No.*

♦ **Botón predeterminado**: *si activamos esta opción, cuando pulsemos la tecla Intro, el botón se activa, en lugar de tener que activarlo pulsando con el ratón.*

2.17. Campo fecha

Vamos a definir en un formulario un control Campo fecha para un campo llamado Fecha de nacimiento. Para ello:

♦ *Abrimos en vista diseño el formulario.*

♦ *Eliminamos el campo Fecha de Nacimiento.*

♦ *Añadimos en la posición del control eliminado el control Campo fecha.*

♦ *Hacemos un doble clic sobre el control Campo fecha para acceder a las propiedades del control.*

♦ *En la ficha General, buscamos la propiedad Desplegable y seleccionamos Sí.*

♦ *Pulsamos el botón Modo de diseño* para ver el resultado en el formulario.

2.18. Cuadro combinado

El cuadro combinado nos permite elegir uno de los datos de la lista o introducir un nuevo dato si no se encuentra en la lista. Nos puede mostrar datos en otra tabla o podemos insertar datos manualmente, sin que estén guardados en una tabla.

Vamos a definir en un formulario un control Cuadro combinado para un campo llamado Profesión. Para ello:

♦ *Abrimos en vista diseño el formulario.*

♦ *Eliminamos el control dependiente del campo Profesión.*

♦ *A continuación, añadimos en esa misma posición el control Cuadro combinado haciendo clic en el botón* ▦ *y arrastrando a la posición en la que estaba el control eliminado.*

♦ *Para acceder a las propiedades del control hacemos doble clic sobre el control.*

♦ *Nos aparece el cuadro de diálogo Propiedades. Y en la ficha Datos indicamos en qué campo de la tabla deseamos que se guarde el valor que seleccionemos en la lista.*

♦ *En la ficha General buscamos la propiedad Entrada de la lista y pulsamos en el botón que aparece al final para ir añadiendo los valores.*

♦ *Pulsamos el botón Modo de diseño* ◤ *para ver el resultado en el formulario.*

2.19. Campo enmascarado

El campo enmascarado es como una plantilla especial que determina la manera en la que se introducirán los datos en un campo de tipo *Texto* o *Fecha/Hora*.

Los campos enmascarados constan de:

● **La máscara de entrada**: determina los datos que pueden entrar los usuarios

● **La máscara de caracteres**: define el contenido del campo enmascarado al cargar el formulario.

Para definir la máscara de entrada debemos, según el dato que deseamos o no, permitir una serie de caracteres para la máscara que son los siguientes:

→ **L**: texto constante que no puede ser editado.

→ **a**: representa los caracteres de a-z en minúscula.

→ **A**: representa los caracteres de A-Z en mayúscula.

→ **c**: representa los caracteres a-z/A-Z y 0-9. Las letras en mayúsculas no son convertidas en minúsculas.

→ **C**: representa los caracteres A-Z y 0-9. Las letras son convertidas automáticamente en mayúsculas.

→ **N**: representa solo dígitos 0-9. No admite otro tipo de ingreso.

→ **x**: todos los caracteres son imprimibles.

→ **X**: todos los caracteres son imprimibles. Si los caracteres de A-Z se incluyen en minúsculas se convierten en mayúsculas.

Podemos definir un campo enmascarado para insertar los códigos postales, que siempre tienen 5 dígitos y son números. El valor N es que el que nos permite insertar solo dígitos del 0 al 9. De este modo, nuestra máscara de entrada sería:

Código Postal	2	6	8	9	1
Códigos Máscara	N	N	N	N	N

Podemos definir un campo enmascarado para insertar el NIF, que tiene siempre como máximo 8 dígitos y una letra al final. Para los valores del número del NIF utilizaremos el carácter N y para la letra del NIF el carácter A. Si deseamos separar el número de la letra con un guion utilizamos el carácter L.

NIF	3	2	6	2	3	5	6	7	-	T
Códigos Máscara	N	N	N	N	N	N	N	N	L	A

3. Creación de subformularios

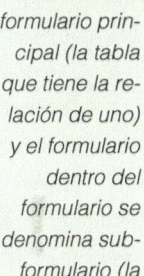

3.1. Crear un formulario/subformulario mediante el asistente para formularios

Los formularios con subformularios son especialmente útiles para mostrar los datos de tablas o consultas relacionadas que tienen una relación de uno a varios.

Una combinación de formulario y subformulario se denomina formulario jerárquico, formulario principal/detalle o formulario principal/secundario.

*Un subformulario es un **formulario que se inserta en otro**. El formulario primario se denomina formulario principal (la tabla que tiene la relación de uno) y el formulario dentro del formulario se denomina subformulario (la tabla que tiene la relación de varios).*

Tenemos dos tablas: Clase y Datos. La tabla Clase tiene la relación de "Uno", que será el formulario principal, y la tabla Datos clase tiene la relación de "Varios", que será el subformulario. Y vamos a definir un formulario en el que se muestren las dos tablas:

- *Lo primero es hacer clic en Crear un formulario mediante el asistente.*
- *Seleccionamos la tabla Clases y pasamos todos los campos para el formulario.*
- *En el siguiente paso del asistente, marcamos tanto el cuadro de verificación Agregar subformulario como el botón Subformulario basado en la relación existente.*
- *Pulsamos Siguiente y, ahora, para el subformulario seleccionamos los campos.*
- *En el siguiente paso organizamos el formulario principal.*
- *Ya en el punto 7 del asistente aplicamos los estilos.*
- *Y en el punto 8 establecemos el nombre.*

3.2. Ventana del formulario y subformulario

Al generar un formulario con subformulario vamos a tener en la misma pantalla los datos de dos tablas que están relacionadas que dispondrán de dos barras de navegación: una para el formulario principal y otra para el subformulario.

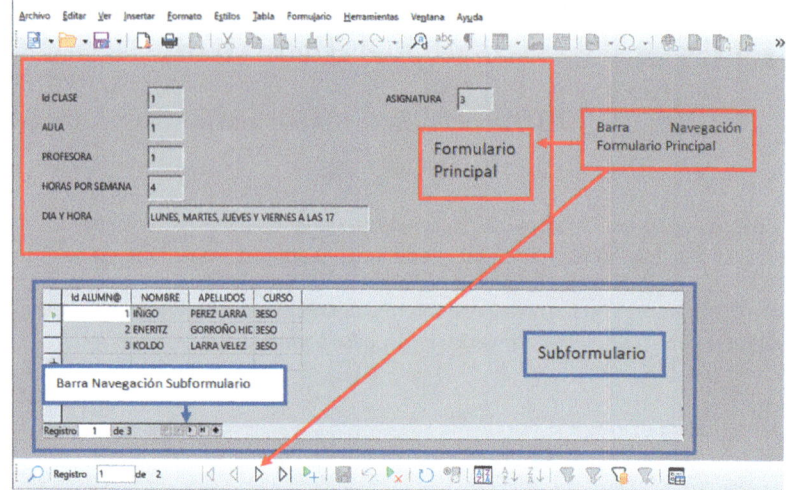

Ventana del formulario y subformulario

3.3. Crear un formulario/subformulario en modo vista diseño

Para poder crear el formulario con subformularios tenemos que crear previamente una consulta con los campos de las dos tablas, que tienen que estar relacionadas, y basar el formulario en la consulta.

Para crear un formulario/subformulario en modo vista diseño:

■ Pulsamos en el botón Crear consulta en modo diseño.

■ Hacemos clic el botón *Navegador de formularios* de la barra de herramientas *Diseño del formulario*.

■ A continuación, añadimos un nuevo formulario en la ventana del navegador. Para ello, pulsamos el botón derecho encima de *Formularios*, seleccionamos *Nuevo/Formulario*.

- Introducimos el nombre del formulario y pulsamos Intro.

- Ahora tenemos que indicar sobre qué tabla o consulta está basado el formulario. Para ello, pulsamos en el botón *Propiedades del formulario* de la barra de herramientas de *Diseño de formulario*.

- Hacemos clic en la ficha *Datos* y, en la lista desplegable *Tabla*, desplegamos y seleccionamos *Consulta*. Después, en la lista desplegable *Contenido*, seleccionamos la consulta que contiene los campos de las tablas.

- Cerramos el cuadro de las propiedades del formulario y procedemos a seleccionar los campos que vamos a incorporar al formulario principal. Para ello, hacemos clic en el botón *Añadir Campo* de la barra de herramientas de *Diseño de formulario*.

- Vamos seleccionando los campos y los arrastramos sobre la cuadricula del formulario.

- Ahora debemos añadir una zona específica para los campos del subformulario. Para ello utilizaremos el control *Tabla*.

- Dibujamos en la cuadricula de diseño un área rectangular, con el control tabla, y se activa el cuadro de diálogo.

- En el *Asistente de elementos de tabla* seleccionamos solo los campos que van a ir en el subformulario.

- Pulsamos el botón *Finalizar* y vemos cómo ha quedado nuestro formulario con subformulario a través de la vista diseño.

4. Almacenado de formulario

Si el formulario ha sido realizado utilizando uno de los asistentes, quedará automáticamente guardado en el último paso.

Si se ha construido en la vista diseño:

- Podemos hacer clic en el botón *Guardar* de la barra de herramientas estándar.

- O elegir el comando *Guardar* del menú *Archivo*.

147

5. Modificación de formularios

Para **cambiar el nombre** de un formulario procederemos de la siguiente forma:

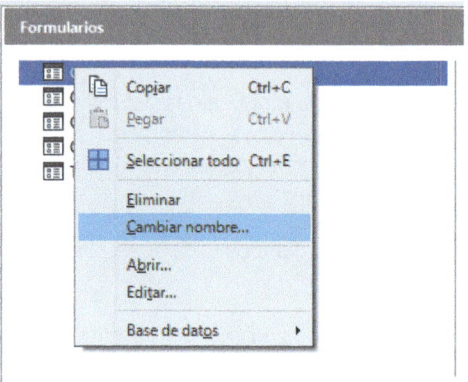

Menú contextual/Formulario/Cambiar nombre

Para **copiar un formulario** procederemos de la siguiente forma:

◆ En *Formularios*, seleccionamos el formulario que queramos copiar.

◆ Pulsamos botón derecho sobre el formulario y elegimos la opción *Copiar*.

◆ Pulsamos botón derecho y elegimos la opción *Pegar*.

◆ Aparecerá la siguiente ventana que mostrará un nombre por omisión, que será el nombre del formulario añadiéndole 1. Pulsamos *Aceptar*.

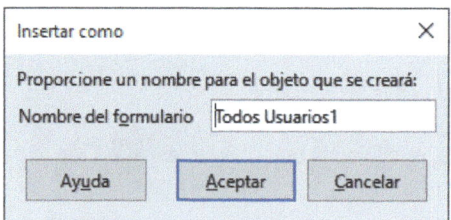

Ventana Insertar como

6. Eliminación de formularios

Para eliminar un formulario procederemos de la siguiente forma:

* Seleccionamos el formulario que queremos eliminar.

* Pulsamos botón derecho sobre el formulario y elegimos la opción *Eliminar*.

* Aparecerá la siguiente ventana que mostrará un mensaje para confirmar la eliminación del formulario y pulsaremos *Eliminar*.

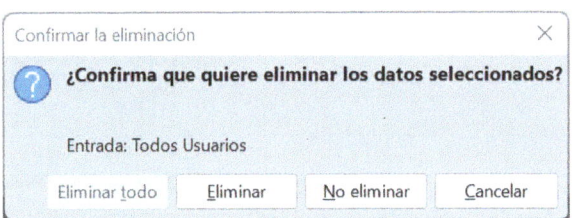

Una vez eliminado el formulario no se puede recuperar.

Ventana para confirmar la eliminación

7. Impresión de formularios

7.1. Introducción

Para imprimir un formulario podemos hacerlo desde el formulario o desde la vista diseño, pero en este último caso no se imprimen los datos, solo la estructura del formulario.

Para imprimir el formulario podemos hacerlo de varias maneras:

* Seleccionamos la opción *Imprimir* en el menú *Archivo*.

* Pulsamos en el botón *Imprimir* de la barra de herramientas.

* Pulsamos la combinación de teclas Ctrl + P.

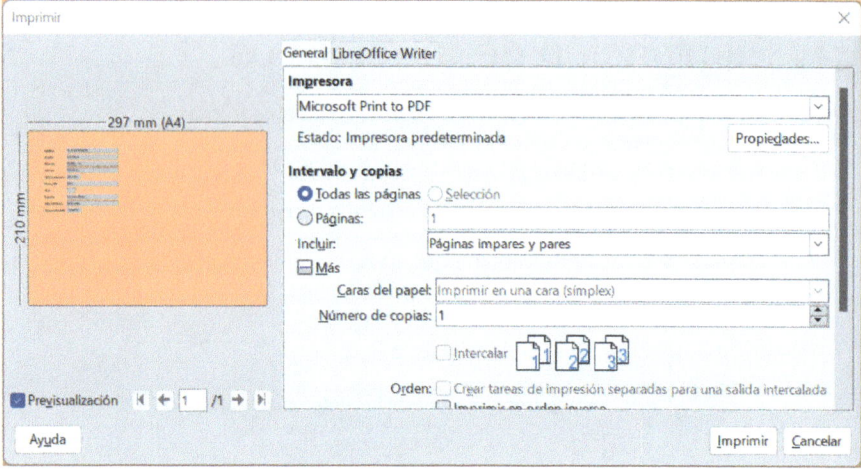

Cuadro de diálogo Imprimir

■ En el cuadro de diálogo establecemos las opciones deseadas y, a continuación, haremos clic en *Aceptar* para imprimir el formulario.

7.2. Obtener una vista preliminar de un formulario

La vista preliminar se utiliza para comprobar que el formulario se imprimirá correctamente.

Para realizar una vista preliminar de un formulario podemos hacerlo desde el formulario o desde la vista diseño, pero en este último caso solo muestra la estructura del formulario.

Para realizar la previsualización podemos hacerlo de varias formas:

✳ Menú Archivo/Previsualización de impresión.

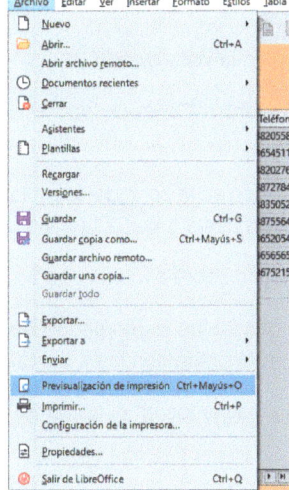

Archivo/Previsualización de impresión

* Pulsando en el botón *Previsualización de impresión* de la barra de herramientas estándar.

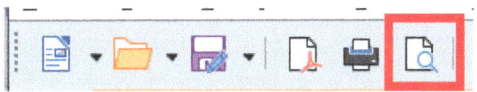

Botón Previsualización de impresión

* Con la combinación de teclas Ctrl + Mayús + O.

8. Inserción de imágenes y gráficos en formularios

8.1. Inserción de imágenes

Dentro de un formulario podemos insertar una imagen en cualquier parte del formulario.

Para insertar una imagen:

→   Abrimos el formulario en la vista diseño.

→   En la barra de herramientas *Controles de formulario*, pulsamos sobre *Botón con imagen* 🖼.

→   Hacemos clic con el ratón en la zona del formulario donde deseemos insertar la imagen y arrastramos hasta tener el tamaño deseado.

→   Realizamos un doble clic sobre el control para acceder a las propiedades.

→   En la ficha *General*, buscamos la propiedad *Imagen* y buscamos la imagen deseada, pulsando en el botón con los 3 puntos.

→   Cerramos el cuadro y pulsamos en el botón ☑ para ver el resultado en el formulario.

8.2. Inserción de gráficos

Para añadir un elemento gráfico utilizaremos los botones de la barra de herramientas **Dibujo**.

Para personalizarlos, dependiendo del elemento, podremos hacerlo desde la barra *Propiedades del objeto del dibujo* o desde el menú *Formato/Estilo de página*.

Resumen

En esta unidad:

- Hemos aprendido a crear formularios sencillos de tablas y consultas, visualizando los formularios en sus diferentes vistas.

- Hemos visto cómo crear formularios de diferentes formas, así como su personalización, modificación, eliminación, impresión, etc.

- Hemos abordado la creación de subformularios.

- Hemos aprendido a insertar imágenes y gráficos en formularios.

UNIDAD
DIDÁCTICA
6

Creación de informes o *reports* para la impresión de registro de las tablas o resultados de consultas

Objetivos

- ⊡ Describir la importancia del manejo adecuado de la opción de informes, como una funcionalidad de la base de datos relacional para la presentación de datos.

- ⊡ Crear informes utilizando los diferentes métodos existentes de la aplicación.

- ⊡ Diseñar los informes según la ordenación y el agrupamiento de datos, así como su distribución.

- ⊡ Utilizar las herramientas y elementos de diseño de informes creando estilos personalizados.

Contenido

Introducción

Resumen

Introducción

Los **informes** son un diseño que permite imprimir los datos de una o varias tablas o consultas.

El proceso de creación de los informes es muy similar al ya estudiado de los formularios.

1. Concepto y visualización

Los **informes** son un diseño que permite imprimir los datos de una o varias tablas o consultas de forma clara y atractiva.

Cuando se crea un informe podemos visualizarlo de tres formas diferentes:

- **Vista Informe**. Es la vista donde se muestra cómo va a quedar el informe al imprimirlo.

- **Previsualización de la impresión.** Es una vista muy similar a la vista Informes, pero permite personalizar la previsualización.

- **Vista diseño.** La vista diseño ofrece una vista más detallada de la estructura de un informe.

Se puede agregar una mayor variedad de controles al informe, como etiquetas, imágenes, líneas y rectángulos y cambiar algunas propiedades del informe.

2. Creación de informes sencillos de tablas o consultas

2.1. Crear un informe mediante el asistente para informes

Para crear un informe con el asistente:

* Vamos a *Informes* y pulsamos en *Crear informe mediante el asistente*.

* En el primer paso del asistente seleccionamos la tabla de la que deseamos crear el informe y pasamos a *Campos del Informe* los campos que deseemos.

* En el siguiente paso podemos editar las etiquetas.

* En el tercero podremos agrupar los registros.

* En el paso número 4 podemos establecer un orden.

* En el siguiente podemos seleccionar la forma de disposición de los datos en el informe.

* Y el último paso servirá para poner un título al informe y elegir el tipo de informe que queremos crear.

El **informe estático** es el que se genera con los datos que hay en el momento de crear el informe, pero no se actualizará si los datos varían.

El **informe dinámico** está siempre actualizado con los datos que en cada momento hay en la tabla.

2.2. Crear un informe en modo diseño

Al igual que los formularios y las consultas, podemos crear directamente el informe en la vista diseño, lo cual nos da mayor flexibilidad para personalizar el informe.

Para crear un informe en modo diseño:

→ En Informes, pulsamos en *Crear informe en modo diseño.*

→ A continuación, seleccionamos todos campos en el informe y pulsamos en el botón *Insertar* de la barra de herramientas

→ Cerramos la ventana de *Añadir campo* y ya vemos los campos insertados.

Los informes que se crean con la vista diseño, por defecto, son **informes dinámicos.**

Un informe puede utilizar como origen de datos tanto tablas como consultas.

Las consultas son una gran ayuda para filtrar y seleccionar solo aquellos datos que deseas mostrar en el informe.

2.3. Crear un informe agrupado con el asistente

Cuando en una tabla tenemos una serie de registros en los que hay algún campo que se repite para varios de ellos, podemos agrupar los datos por ese campo e incluso realizar operaciones con esos campos.

Para crear un informe agrupado con el asistente:

▦ Hacemos clic en Informes y pulsamos en *Crear informe mediante el asistente.*

▦ En el primer paso del asistente, seleccionamos la tabla de la que deseamos crear el informe y pasamos a *Campos del informe* los campos deseados.

▦ Pulsamos en *Siguiente* para etiquetar los campos.

▦ En el tercer paso agrupamos los registros.

▦ En el paso 4 ordenaríamos los datos.

▦ El siguiente paso sería para elegir la disposición del informe.

▦ En el último paso establecemos el nombre y el tipo del informe.

3. Personalización de informes utilizando diferentes elementos de diseño

3.1. Previsualización de impresión

La vista preliminar del informe se utilizará para comprobar que el informe se imprimirá correctamente o, en caso contrario, ver qué cambios habrá que realizar.

Para realizar una previsualización de la impresión seguimos los siguientes pasos:

* Accedemos a los informes y hacemos un doble clic con el botón izquierdo encima del informe que deseamos previsualizar.

* Seleccionamos la opción *Abrir*.

* En la barra de herramientas estándar, pulsamos en el botón *Alternar previsualización de impresión*.

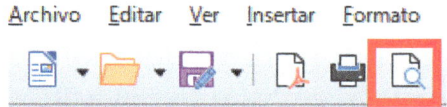

Botón Alternar previsualización de impresión

Se nos muestra una barra de herramientas en la que disponemos de varios botones que nos permiten realizar las siguientes acciones:

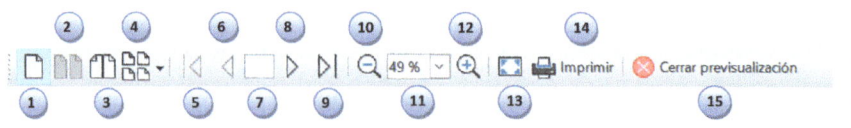

Barra de herramientas

1. Previsualiza una sola página.

2. Previsualiza dos páginas.

3. Previsualiza dos páginas en forma de libro. Por ejemplo, si tenemos 4 página, la primera página la visualiza solo en la derecha, luego muestra dos página, una a la derecha y otra a la izquierda, y la última página la visualiza sola en la parte izquierda.

4. Desde este botón desplegable podremos seleccionar el número de página que deseamos mostrar en pantalla. Según el número de página indicado, la aplicación adaptará el zoom automáticamente al tamaño necesario para que se muestre el número de página seleccionado.

5. Nos muestra la primera página del documento.

6. Se desplaza a la página anterior.

7. Podemos introducir en esa casilla el número de página que deseamos previsualizar.

8. Se desplaza a la página siguiente.

9. Nos muestra la última página del documento.

10. Permite reducir el zoom.

11. Podemos indicar el porcentaje de zoom que deseamos aplicar, seleccionándolo de la lista o escribiéndolo directamente en el cuadro.

12. Permite aumentar el zoom.

13. Visualiza el documento a pantalla completa.

14. Nos muestra el cuadro de diálogo para definir los parámetros de la impresión.

15. Cierra la previsualización del documento.

3.2. Configurar página

A través del botón *Página* de la vista diseño podemos:

- Cambiar el tamaño de la hoja.

- Cambiar la configuración de la página a vertical u horizontal.

- Cambiar los márgenes de la hoja.

- Tipo de numeración para las páginas.

- Aplicar un color de fondo.

Para acceder a la configuración de página, estando en la vista diseño del informe, vamos a menú *Formato/Página*:

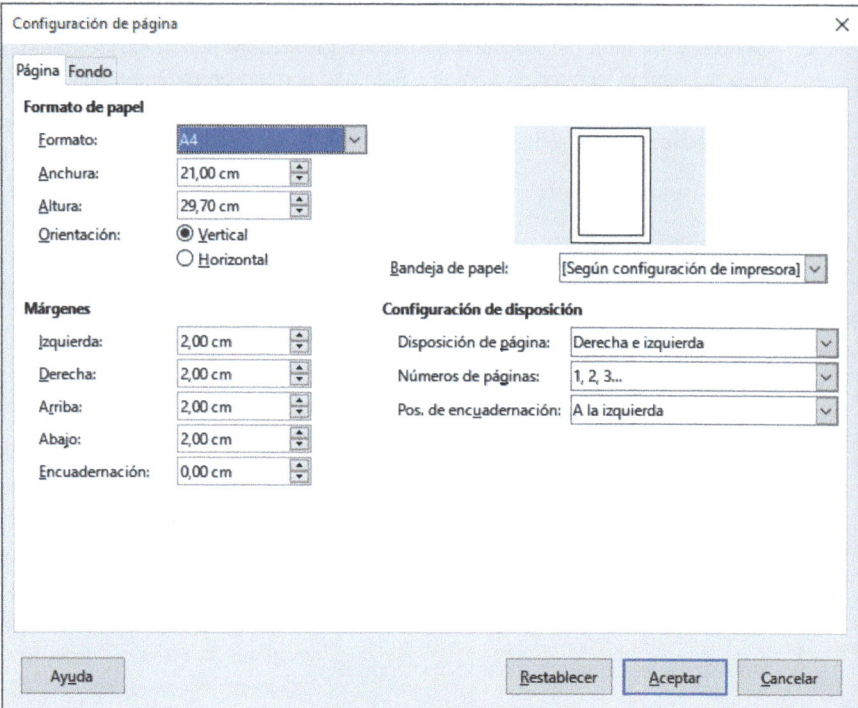

Configuración de página/Página

→ **Formato:** en esta lista desplegable podremos definir el formato de papel que vamos a utilizar, por defecto nos aparece el A4, que es el más habitual, pero si desplegamos la lista podremos seleccionar entre varios tamaños de papel.

→ **Anchura y altura:** estos valores aparecen por defecto en función del tamaño de papel que hayamos seleccionado en *Formato*. Si en *Formato* hemos optado por la opción *Usuario*, cuando el tamaño de papel no es ninguno de los valores de la lista, podremos introducir el ancho y el alto de papel que vamos a utilizar.

→ **Orientación:** seleccionaremos *Vertical*, en los casos de que el informe tenga pocos campos, u *Horizontal,* cuando el informe tenga muchos campos.

→ **Márgenes:** definiremos la distancia (en centímetros) que vamos a dejar desde el borde izquierdo, derecho, superior e inferior de la hoja.

→ **Encuadernación:** en el caso de que el informe se vaya a encuadernar, será necesario dejar un poco más de espacio para la encuadernación.

→ **Bandeja de papel:** elegimos la bandeja donde tengamos colocados ese tamaño de papel.

→ **Disposición de página:** podremos seleccionar qué página se van a imprimir.

La opción *Derecha e izquierda* imprime páginas pares e impares y con los márgenes especificados.

♦ *Solo izquierdas* muestra solo las páginas pares y las impares se muestran en blanco.

♦ *Solo derechas* muestra solo las páginas impares y las pares las muestra en blanco.

♦ *Reflejado* muestras las páginas pares e impares con márgenes internos y externos. Este diseño se utiliza cuando vayamos a imprimir las páginas por las dos caras y que los márgenes queden simétricos.

→ **Número de página:** seleccionaremos el formato que se aplicará a la numeración de las páginas.

→ **Posición de encuadernación:** indicaremos si la encuadernación se realizará por la parte izquierda o superior de la hoja, para que así se añada el margen de encuadernación al margen izquierdo o arriba.

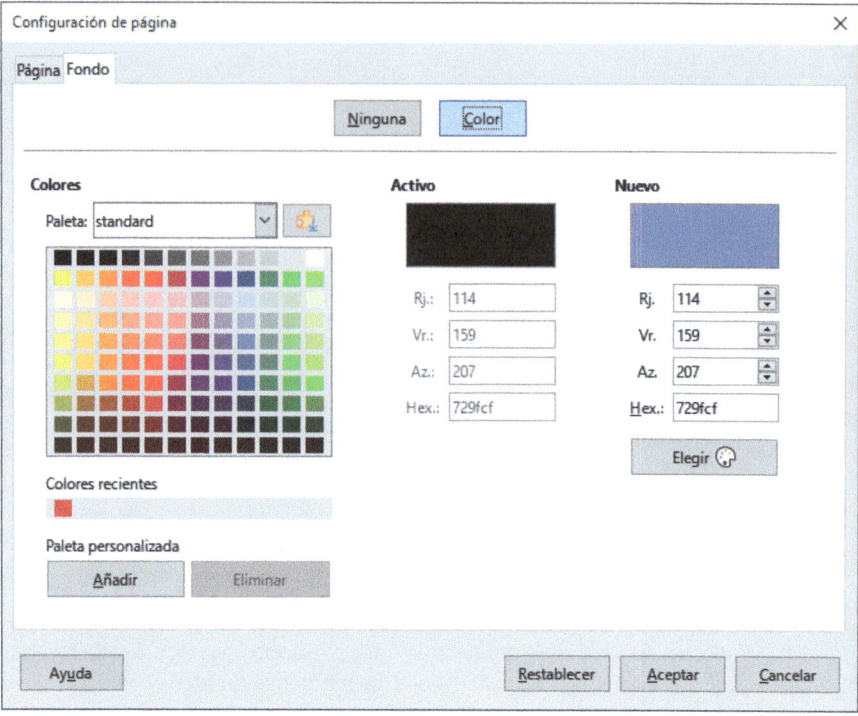

Configuración de página/Fondo

→ **Paleta:** desplegamos la lista desplegable *Paleta* si deseamos utilizar otra paleta con otros colores.

→ **Nuevo:** podemos definir un nuevo color indicando en la columna aquí la cantidad de color rojo (Red), verde (Green) y azul (Blue).

3.3. Secciones de informe

El diseño de un informe se divide en **secciones**. Y las secciones se pueden ver en la *Vista Diseño*.

Es importante conocer cada sección para diseñar bien el informe y saber elegir bien las secciones donde vamos a insertar los diferentes controles.

Por defecto, al crear un informe se nos muestran las siguientes secciones:

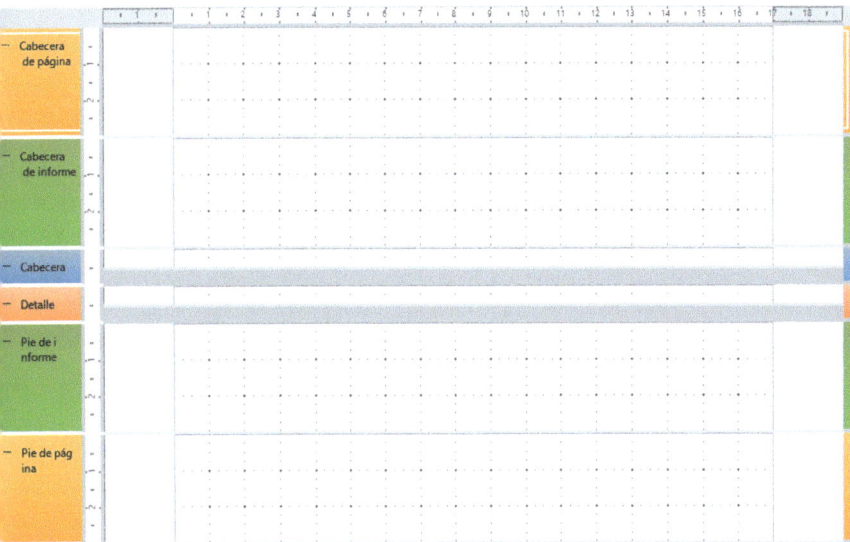

Secciones

- **Cabecera de página:** esta sección se imprime al principio de cada página. Por ejemplo, si se desea repetir un título en todas las páginas se insertará en el encabezado de página.

- **Cabecera de informe:** esta sección se imprime una vez al principio del informe. La cabecera del informe se utiliza para insertar un logotipo o un título y una fecha.

- **Detalles:** esta sección se imprime una vez por cada fila del origen de registros. En ella se colocan los controles que constituyen el cuerpo principal del informe.

  La única sección que no se puede desactivar es la sección de detalle y la cabecera de detalle.

- **Pie del informe:** esta sección se imprime una vez al final del informe. Los pies del informe se utilizan para imprimir totales de los informes u otra información de resumen de todo el informe.

- **Pie de página:** esta sección se imprime al final de cada página. Se utiliza para insertar los números de página, la fecha, etc.

Pueden aparecer más secciones en el caso de que el informe esté agrupado, como puede ser Cabecera de grupo y Pie de grupo.

La Cabecera de grupo se imprime al principio de cada grupo de registros y se utiliza cuando el informe se agrupa por un determinado campo para imprimir el nombre del grupo.

El Pie de grupo se imprime al final de cada grupo de registros y se utiliza cuando el informe se agrupa por un determinado campo para imprimir. Normalmente se utiliza para añadir un campo calculado que nos realice alguna operación correspondiente al grupo actual.

3.4. Barra de herramientas en la vista diseño

→ **Barra de herramientas Estándar**: contiene las opciones que afectan a todo el informe.

Barra de herramientas Estándar

→ **Barra de herramientas Formato**: contiene una serie de botones que nos permite aplicar formato al texto.

Barra de herramientas Formato

→ **Barra de herramientas Contraer en la sección**: nos permite modificar el tamaño de la sección actual.

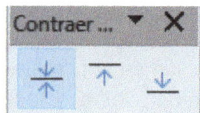

Barra de herramientas Contraer en la sección

→ **Barra de herramientas Redimensionar objetos**: nos permite modificar el tamaño de los controles.

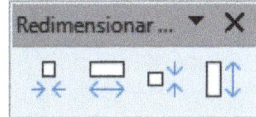

Barra de herramientas Redimensionar objetos

→ **Barra de herramientas Alinear a la sección:** nos permite alinear los controles, en función de la sección.

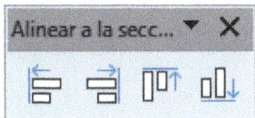

Barra de herramientas Alinear a la sección

→ **Barra de herramientas Alinear:** nos permite alinear los controles, tomando como referencia uno de ellos.

Barra de herramientas Alinear

→ **Barra de herramientas Controles del informe:** nos permite seleccionar, añadir y acceder a las propiedades de los controles.

Barra de herramientas Controles de informe

→ **Barra de herramientas Objetos de dibujo**: nos permite añadir dibujos a nuestro informe.

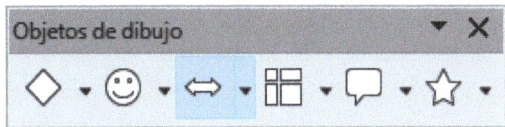

Barra de herramientas Objetos de dibujo

Para activar o desactivar las barras de herramientas haremos clic en el menú Ver/Barra de herramientas.

3.5. Controles del informe

Al igual que en los formularios, en un informe se pueden agregar tres tipos de controles:

- Controles dependientes.

- Controles independientes.

- Controles calculados.

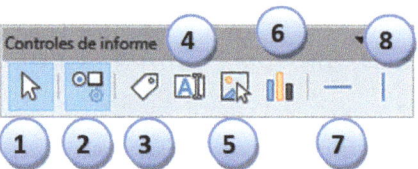

Controles de informe

1.   **Selección**. Nos permite seleccionar los controles.

2.   **Propiedades**. Nos permite acceder al cuadro de dialogo de las propiedades del control.

3.   **Etiqueta**. Este control, al igual que en el formulario, nos permite insertar cualquier texto, como por ejemplo un título.

4.   **Cuadro texto**. Permite mostrar campos de texto, números, fechas, horas y memorandos. Suelen estar enlazados a uno de los campos de una tabla o consulta. También puede usar un cuadro de texto para mostrar valores calculados.

5.   **Imagen.** Permite insertar una imagen fija en el formulario.

6. **Insertar gráfico.** Permite añadir un gráfico al informe.

7. **Línea horizontal.** Nos permite añadir una línea horizontal en el informe.

8. **Línea vertical.** Nos permite añadir una línea vertical en el informe.

3.6. Ordenar y agrupar

3.6.1. Introducción

Si ya tenemos un informe puede ocurrir que deseemos ordenarlo, agruparlo o modificar la ordenación o el agrupamiento que ya existe en ese informe.

Podemos realizar sencillas operaciones de ordenación, agrupamiento y creación de totales seleccionando la opción de una de las siguientes formas:

◼ **Menú Ver/Ordenación y grupos**

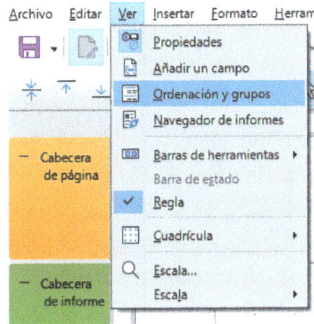

Ver/Ordenación y grupos

*Cuando creamos un informe con la herramienta **Asistente de informes**, se pueden agrupar y ordenar los registros por un determinado campo o campos.*

◼ **Barra de herramientas Estándar**

Barra de herramientas Estándar

■ **Botón derecho del ratón sobre la cuadrícula de la vista diseño**

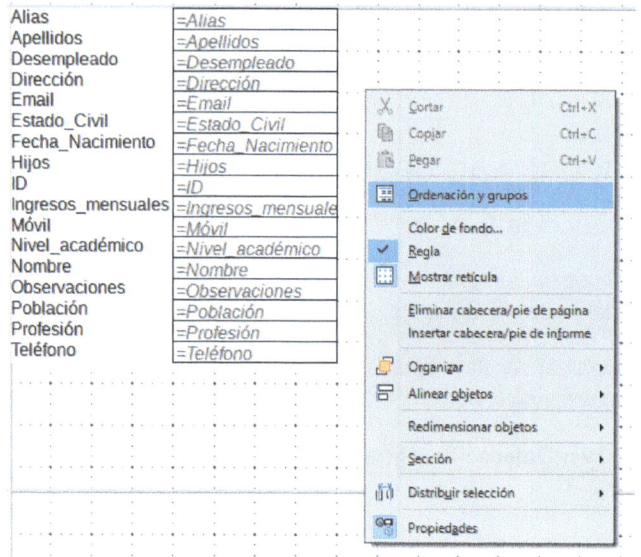

Menú contextual/Ordenación y grupos

Se nos mostrará el cuadro de diálogo de **Orden y agrupamiento**:

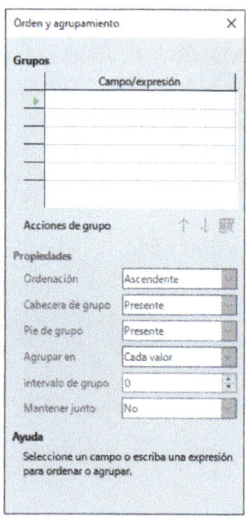

Cuadro de diálogo Orden y agrupamiento

3.6.2. Ordenar y agrupar a través de *Orden y agrupamiento*

Para ordenar los registros, una vez creado el informe, accedemos al cuadro de diálogo *Orden y Agrupamiento* desde el menú *Ver*.

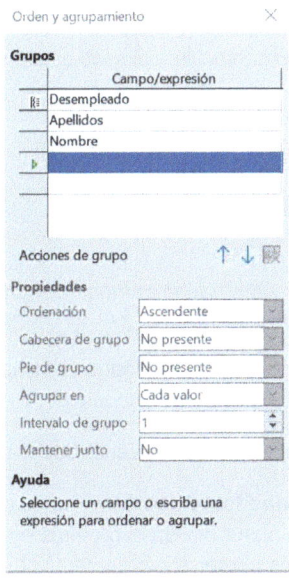

Orden y agrupamiento

3.6.3. Modificar las opciones de agrupamiento u ordenación

Cada nivel de ordenación o agrupamiento tiene varias opciones que se pueden establecer para obtener los resultados deseados.

* **Campo/Expresión**. Permite definir los campos o expresiones por las que vamos a agrupar u ordenar.

   Podemos añadir más campos o expresiones para ordenar o agrupar en las distintas filas que tenemos en blanco.

* **Flecha arriba**. Nos permite de mover el campo hacia arriba, para colocarlos por encima de otros campos.

* **Flecha abajo**. Nos permite de mover el campo hacia abajo, para colocarlos por debajo de otros campos.

* **Eliminar**. Nos permite borrar un campo de la columna *Campo/expresión*.

* **Ordenación**. Nos permite indicar si el campo se ordena en orden ascendente o descendente.

* **Cabecera de grupo**. Nos permite mostrar o no mostrar la cabecera de grupo para cuando deseamos agrupar por un campo.

  Si seleccionamos *No presente* se elimina esa sección y con ella los controles insertados.

* **Pie de grupo**. Nos permite mostrar o no mostrar el pie de grupo para cuando tenemos agrupado por un campo.

  Si seleccionamos *No presente* se elimina esa sección y con ella los controles insertados.

  En esta sección se suele definir campos calculados para realizar operaciones sobre los registros del grupo.

* **Agrupar en**. De forma predeterminada se crea un nuevo grupo por cada valor modificado del campo seleccionado.

  Podemos cambiar este comportamiento dependiendo del tipo de campo:

  * **Para campos tipo texto** podemos seleccionar los caracteres de prefijo e introducir un número n de caracteres en la caja de texto inferior. Los registros con los primeros n caracteres se agruparán.

  * **Para campos de tipo fecha/hora** podemos agrupar los registros por año, trimestre, mes, semana, día, hora o minuto. Además, podemos definir un intervalo para semanas y horas: 2 semanas corresponde a un agrupamiento bisemanal, 12 horas corresponde a un agrupamiento de medio día.

  * **Para campos de tipo autonumeración, moneda o número** especificaremos un intervalo.

* **Intervalo de grupo**. Indicaremos el valor para agrupar los registros. Por ejemplo, si estamos agrupando por un campo texto, podemos indicarle el número de caracteres que se tendrán en cuenta para agrupar.

* **Mantener junto**. Podemos establecer qué registros se mantendrán junto en la misma página.

  * **NO**: no se tendrán en cuenta los límites de la página.

  * **Grupo completo**: imprime la cabecera de grupo, la sección de detalles y el pie de página del grupo en la misma página.

  * **Con el primer detalle**: imprime la cabecera de grupo en la página solo si el primer registro puede imprimirse en la misma página.

Tenemos el siguiente informe agrupado por la fecha de nacimiento.

Fecha_Nacimiento 01/01/00

Apellidos	**Nombre**
VISO GILABERT	QUERALT

Fecha_Nacimiento 16/11/58

Apellidos	**Nombre**
ANGUERA VILAFRANCA	JOSEP

Fecha_Nacimiento 20/03/64

Apellidos	**Nombre**
AROCAS PASADAS	ESTEFANIA

Fecha_Nacimiento 16/10/64

Apellidos	**Nombre**
BASTARDES SOTO	MARC

Fecha_Nacimiento 23/07/65

Apellidos	**Nombre**
BAEZ TEJADO	JOAN

Fecha_Nacimiento 17/09/66

Informe agrupado por fecha de nacimiento

Vamos a modificar la configuración para que nos agrupe los registros que sean del mismo año.

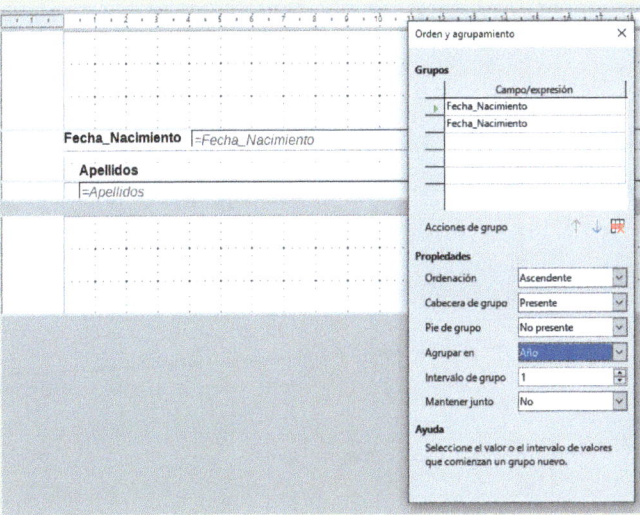

Configuración para que nos agrupe los registros del mismo año

Vemos cómo en el resultado aparecen dos registros en el año 1964:

Fecha_Nacimiento 01/01/00	
Apellidos	**Nombre**
VISO GILABERT	QUERALT
Fecha_Nacimiento 16/11/58	
Apellidos	**Nombre**
ANGUERA VILAFRANCA	JOSEP
Fecha_Nacimiento 20/03/64	
Apellidos	**Nombre**
AROCAS PASADAS	ESTEFANIA
BASTARDES SOTO	MARC
Fecha_Nacimiento 23/07/65	
Apellidos	**Nombre**
BAEZ TEJADO	JOAN
Fecha_Nacimiento 17/09/66	
Apellidos	**Nombre**
VALLÉS GIRVENT	LAURA
Fecha_Nacimiento 20/03/67	

Resultado

Lo que hace Base es poner el primer valor del registro de ese grupo, pero podemos personalizar el campo Fecha_Nacimiento para que solo aparezca el año. Para ello, personalizamos el formato en las propiedades del campo texto Fecha_Nacimiento y en la ficha General.

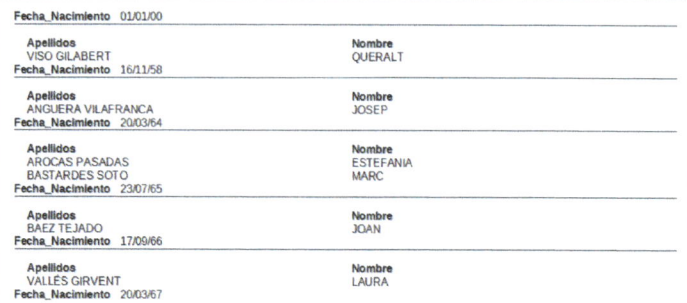

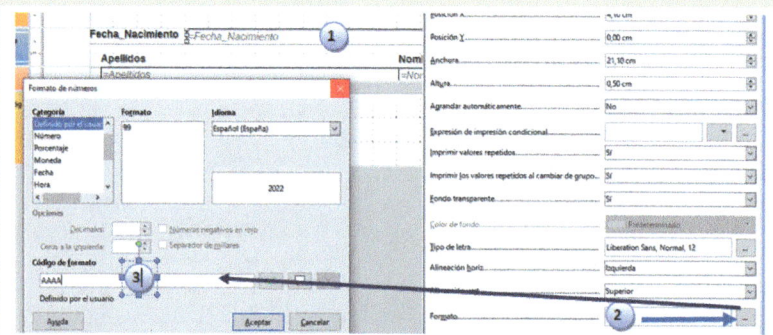

Personalizar campo

El resultado sería el siguiente:

Fecha_Nacimiento	1900		
Apellidos		**Nombre**	
VISO GILABERT		QUERALT	
Fecha_Nacimiento	1958		
Apellidos		**Nombre**	
ANGUERA VILAFRANCA		JOSEP	
Fecha_Nacimiento	1964		
Apellidos		**Nombre**	
AROCAS PASADAS		ESTEFANIA	
BASTARDES SOTO		MARC	
Fecha_Nacimiento	1965		
Apellidos		**Nombre**	
BAEZ TEJADO		JOAN	
Fecha_Nacimiento	1966		
Apellidos		**Nombre**	
VALLÉS GIRVENT		LAURA	
Fecha_Nacimiento	1967		

Resultado

3.7. Modificar el informe añadiéndoles controles

Para insertar etiquetas, cuadros texto, líneas, rectángulos, etc., tenemos los controles del informe que ya vimos en el epígrafe 3.5 de esta misma unidad.

También podemos utilizar la barra de herramientas de dibujo para insertar cualquier elemento gráfico.

Para insertar un control seguiremos los mismos pasos que para insertarlos en el formulario:

- Seleccionamos el control.

- Arrastramos sobre la sección del informe dándole la dimensión deseada.

- Pulsamos en *Propiedades del control* para personalizarlo.

Podemos utilizar la opción Organizar en el caso de que el control se sitúe encima de otro.

3.8. Insertar un salto de página

A través de la vista diseño podemos definir un salto de página en el informe, en la sección *Cabecera de grupo*:

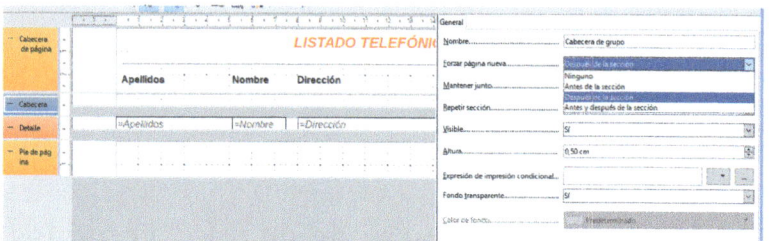

Sección Cabecera de grupo

3.9. Aplicar formato al texto

Para aplicar formato al texto en los informes disponemos de una barra de herramientas.

Barra de herramientas de formato

3.10. Insertar número de página o la fecha

3.10.1. Insertar número de página

Seleccionamos en el menú *Insertar/Número de página*:

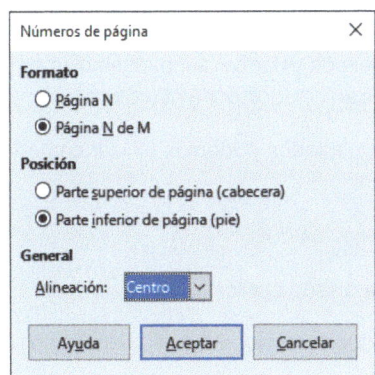

Números de página

◆ **Formato**. Seleccionaremos si deseamos solo la numeración de página *(Página N)* o queremos el número de página y el número total de páginas del informe *(Página N de M)*.

◆ **Posición**. Podemos seleccionar que la numeración se sitúe en la cabecera de página -*Parte superior de página (cabecera)*- o en el pie de página -*Parte inferior de página (pie)*-.

◆ **Alineación**. La alineación es en referencia a la sección en la que ubicaremos la numeración. Podemos escoger entre izquierda, centro y derecha.

3.10.2. Insertar fecha/hora

Seleccionamos en el menú *Insertar/Fecha y hora*:

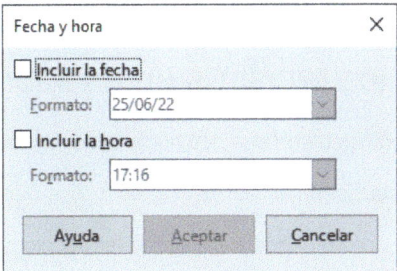

Cuadro de diálogo Fecha y hora

3.11. Crear campos calculados

Se pueden usar controles calculados para mostrar los resultados de un cálculo de la misma forma que se creaban en los formularios.

En un informe es más frecuente la utilización de controles calculados de totales, que se suelen situar en el pie del informe, aunque también se puede crear en el pie de grupo si tenemos los datos agrupados por algún campo.

Para crear campos calculados podemos utilizar campos o fórmulas, funciones, contador o función del usuario.

Para crear un campo calculado:

* Abrimos en vista diseño el informe.

* Creamos un campo calculado en cualquier sección con el control *Cuadro de texto* .

* Una vez insertado el control, vamos a las propiedades del control haciendo doble clic con el ratón sobre el control insertado y, en la ficha *Datos*, seleccionamos *Función en Tipo de campo*, el campo que queremos calcular en *Campo de datos* y la función correspondiente en Función.

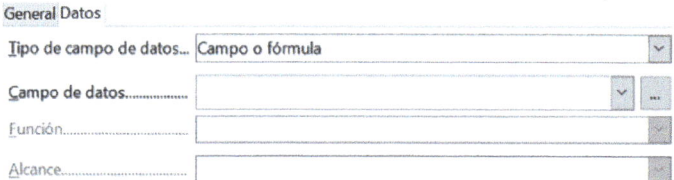

* A continuación, le añadimos una etiqueta del control calculado para el total.

* Ejecutamos el informe haciendo clic en *Herramientas/Ejecutar informe*.

3.12. Numerar los registros en un informe

Para crear un campo calculado que nos numere los registros:

- Abrimos en vista diseño el informe.

- Insertamos un control etiqueta en una de las secciones.

- Creamos el campo calculado en la misma sección, insertando un control *Cuadro texto*.

■ Vamos a las propiedades del control y, en la ficha *Datos*, seleccionamos *Contador* en *Tipo de campo* e *Informe* en *Alcance*.

■ Para comprobar cómo se muestran los registros, ejecutamos el informe haciendo clic en *Herramientas/Ejecutar informe*.

4. Creación de subinformes

Los informes con subinformes se utilizan para mostrar los datos de tablas o consultas relacionadas.

Para crear un subinforme podemos hacerlo utilizando el asistente:

● En la lista desplegable *Tabla* o consultas seleccionamos la consulta y pasamos todos los campos deseados a *Campos del informe*.

● Pulsamos al siguiente paso dónde etiquetar los campos.

● En el paso tres podemos agrupar los campos.

● Pulsando en siguiente podremos ordenarlos.

● En el siguiente paso elegiremos la disposición.

● Y en el último paso estableceremos el título.

5. Almacenado de informes

Si, tras crear un informe, cerramos la ventana, Base guarda automáticamente el informe.

Si modificamos un informe, ya guardado previamente, y cerramos la ventana, se nos mostrará el siguiente cuadro de diálogo, para que le confirmemos si deseamos o no guardar los cambios.

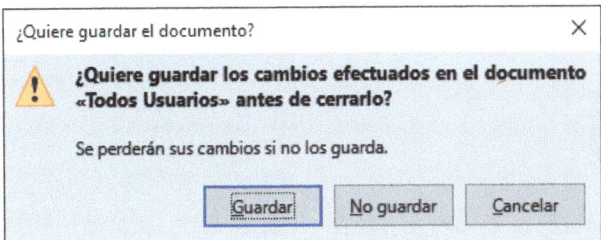

Guardar informe

Otra posibilidad que tenemos para guardar un informe es a través de la opción *Guardar* del menú de *Archivo* o con la combinación de teclas CTRL + G.

*Si deseamos guardar el informe con otro nombre, en el menú Archivo, seleccionamos la opción **Guardar como**. También podemos utilizar la combinación de teclas Ctrl + Mayús + S.*

6. Modificación de informes

Podemos hacerlo de varias formas:

- Hacemos clic con el botón derecho del ratón encima del informe que deseamos modificar y seleccionamos la opción *Editar*.

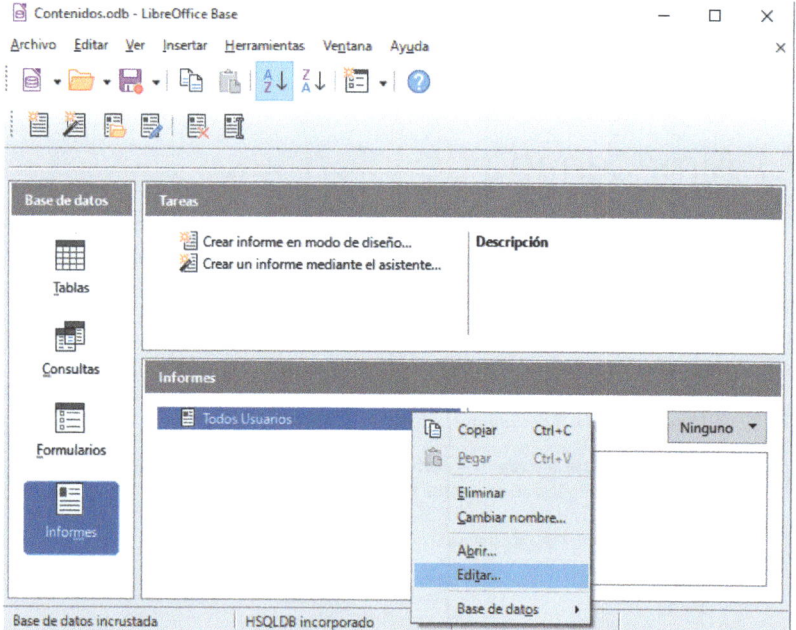

Botón derecho/Editar

▪ Seleccionamos el informe que deseamos modificar y hacemos clic en el menú *Editar/Editar*.

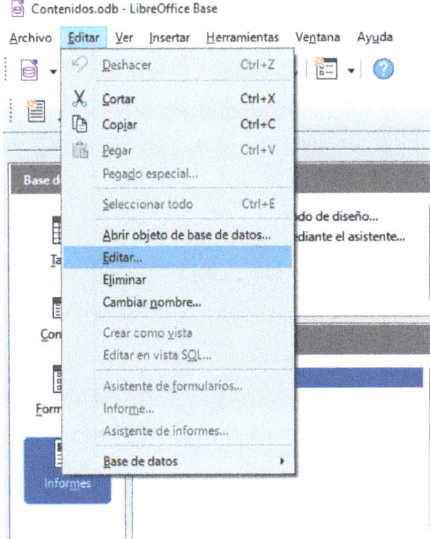

Menú Editar

▪ Pulsando en el botón *Editar* de la barra de herramientas de informes.

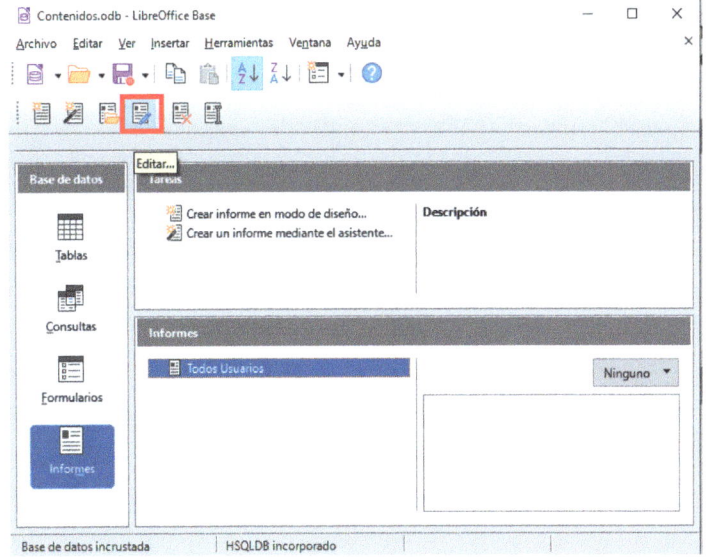

Botón Editar

7. Eliminación de informes

Para eliminar un informe podemos hacerlo de las siguientes formas:

- Hacemos clic con el botón derecho del ratón encima del informe que deseamos modificar y seleccionamos la opción *Eliminar*.

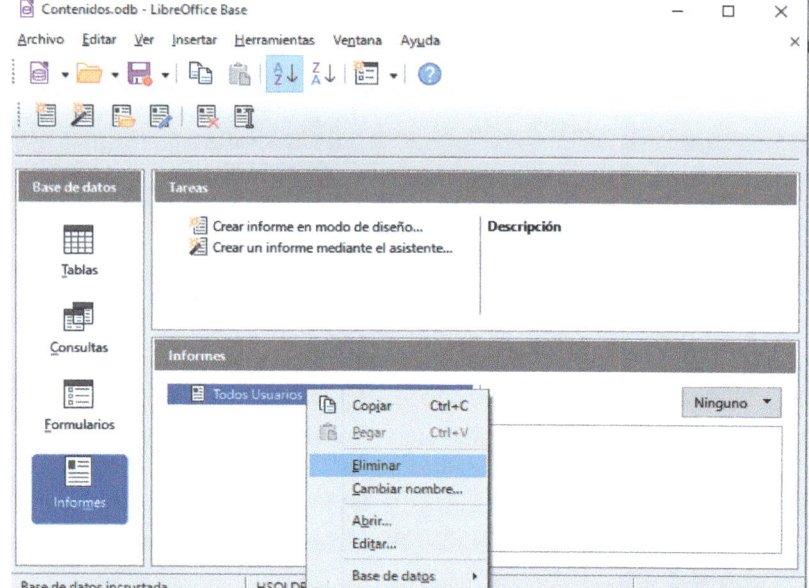

Botón derecho

- Seleccionamos el informe que deseamos modificar y hacemos clic en el menú *Editar/Eliminar*.

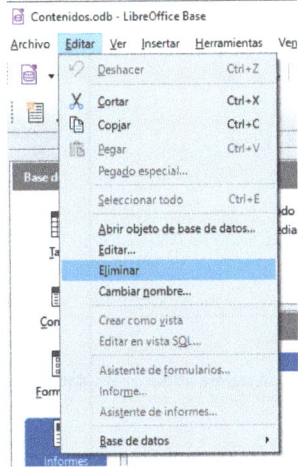

Menú Editar

● Pulsando en el botón *Editar* de la barra de herramientas de informes.

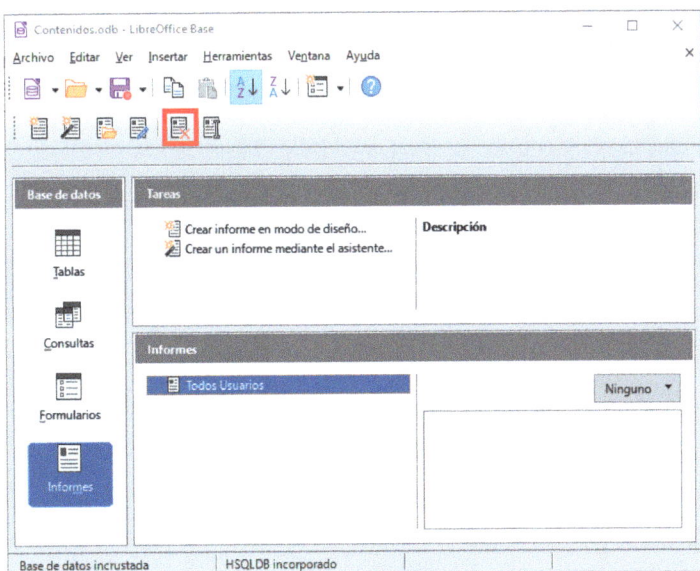

Botón Editar

También podemos eliminar el informe pulsando la tecla Supr una vez seleccionado.

De cualquiera de las formas se nos mostrará el cuadro de diálogo para confirmar o no el borrado del informe.

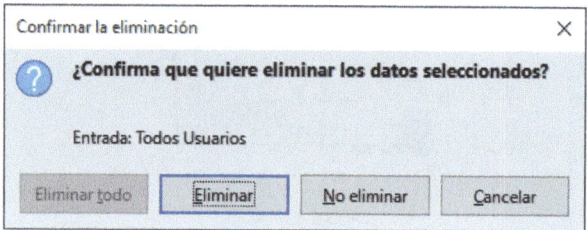

Confirmar la eliminación

Una vez eliminado del informe no se puede recuperar.

8. Impresión de informes

Podemos hacerlo de varias formas:

■ Desde el botón *Imprimir* de la barra de herramientas estándar.

Botón imprimir

■ Seleccionando la opción *Imprimir* en el menú *Archivo*.

■ Con la combinación de teclas Ctrl + P.

Cualquier forma nos mostrará el siguiente cuadro de diálogo:

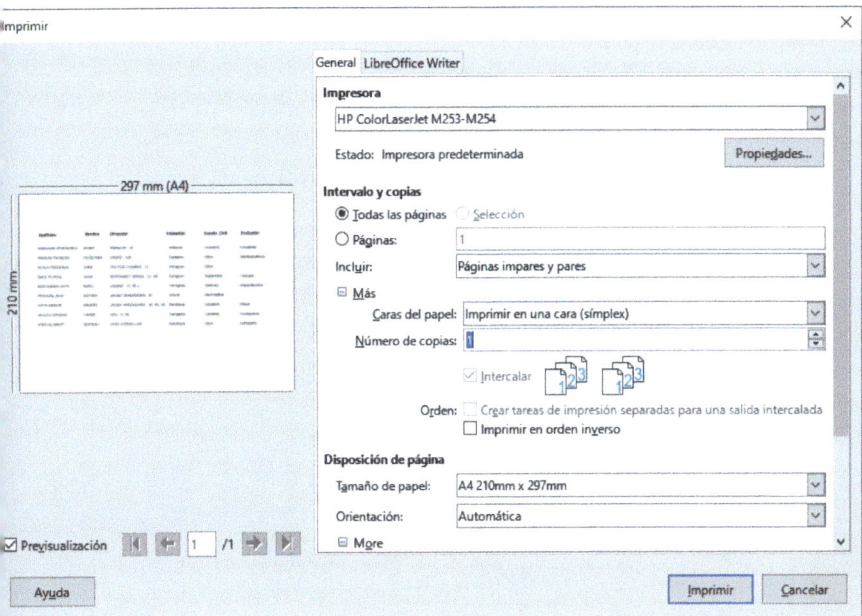

Cuadro de diálogo Imprimir

9. Inserción de imágenes y gráficos en informes

9.1. Inserción de imágenes

Para insertar una imagen:

→ Lo primero es ir a la vista diseño del informe.

→ Pulsamos en el control *Imagen* de la barra de herramientas de *Controles del informe* o a través del menú *Insertar/Multimedia/Imagen*.

→ Pulsamos y arrastramos.

Una vez insertado el control, hacemos un doble clic sobre él, para acceder a las propiedades.

9.2. Insertar gráficos

Para insertar gráficos:

◆ En la vista diseño del informe, hacemos clic en el control *Gráfico* de la barra de herramientas de *Controles de informe*.

◆ Pulsamos y arrastramos en la sección en la que deseamos insertar el gráfico.

◆ Ahora tendremos que indicarle qué datos vamos a representar en el gráfico. Para ello, podemos tener creada una consulta con los campos que deseamos representar en el gráfico o definir los datos en la pestaña *Datos* de las propiedades del control.

Una vez insertado podemos cambiar el tipo de gráfico en la ficha *General* de las propiedades:

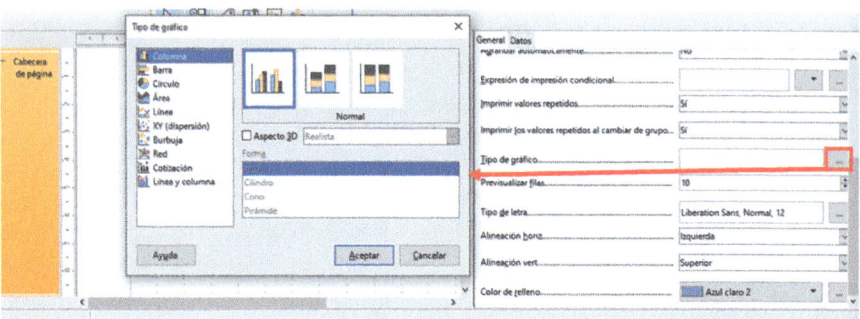

Tipo de gráfico

Y si deseamos personalizar más el gráfico, podemos hacer un doble clic sobre él para que se muestre la barra de herramientas de formato:

Barra de herramientas de formato

10. Aplicación de cambios en el aspecto de los informes utilizando el procesador de texto

Los informes generados por LibreOffice Base son archivos editables de Writer, lo que nos permite editarlos como si fueran generados con el procesador de textos, pero tenemos que tener en cuenta que los cambios realizados no quedarán guardados en Base, sino que tendremos que guardar el informe una vez personalizado como un documento de Writer independiente.

Cuando abrimos un informe aparece una barra en la que se nos informa de que el *documento se abrió en modo solo lectura* y será el botón *Editar documento* el que nos permitirá realizar modificaciones en el informe utilizando las herramientas de Writer.

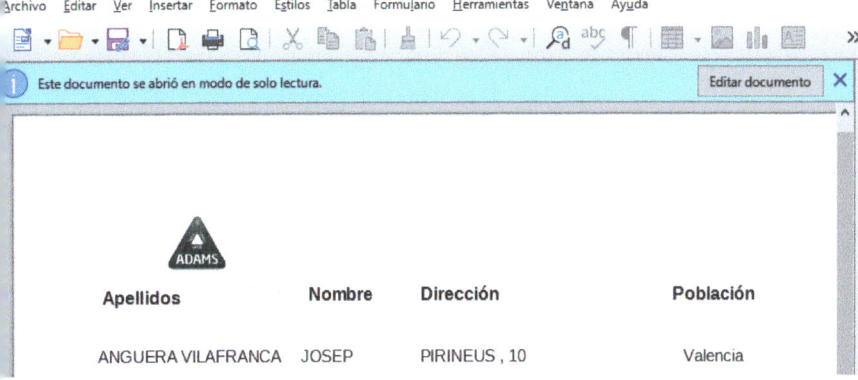

Informe Writer

En esta unidad hemos:

- Aprendido a crear informes desde la vista diseño o con el asistente.

- Definido los diversos controles (etiqueta, cuadro texto, gráficos, etc.) que nos permiten personalizar el informe.

- Clasificado las distintas formas en las que podemos almacenar, modificar y eliminar informes, utilizando las opciones de los menús, de los menús contextuales y de las barras de herramientas de informes.

- Recordado cómo realizar una previsualización del informe y cómo imprimirlo.

- Insertado imágenes y gráficos en un informe.

- Propuesto cómo aplicar cambios en el aspecto de los informes utilizando el procesador de texto.

Autoevaluaciones

Enunciados

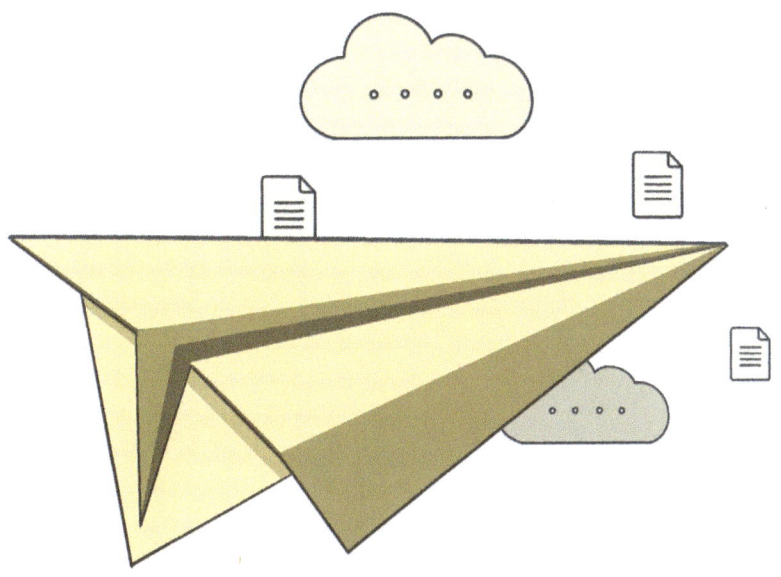

Unidad 1

1. ¿Qué afirmación es falsa?:

a) Una base de datos es un conjunto de datos de mayor o menor tamaño.
b) Una base de datos debe permitir acceder a la información de un modo eficaz.
c) Una base de datos no puede guardar todo tipo de datos.
d) Una base de datos es un conjunto de datos organizado para poder ser utilizado rápidamente.

2. ¿Qué afirmación es falsa?:

a) Una base de datos puede crear nuevas bases de datos.
b) Una base de datos no puede relacionar tablas.
c) Una base de datos introduce o importar datos de otros programas.
d) Un base de datos crea tablas, consultas, informes y formularios.

3. ¿Qué afirmación es falsa?:

a) Una base de datos permite relacionar tablas para obtener datos cruzados.
b) Una base de datos no puede presentar los datos de forma atractiva y práctica.
c) Una base de datos facilita la grabación de los datos.
d) En caso de caída de tensión, minimiza la pérdida de los datos.

4. ¿Qué afirmación es falsa?:

a) En la parte superior izquierda podemos encontrar la barra de estado.
b) Debajo de la barra de menú encontramos la barra de herramientas estándar.
c) En la parte izquierda de la ventana tenemos los objetos de la base de datos.
d) La barra de título está en la parte superior de la ventana.

5. ¿Qué afirmación es verdadera?:

a) Para activar el icono de control de la ventana con el teclado pulsamos la combinación de teclas Alt + A.

b) Para activar el icono de control de la ventana con el teclado pulsamos la combinación de teclas Alt + barra espaciadora.

c) Para activar el icono de control de la ventana con el teclado pulsamos la combinación de teclas Alt + B.

d) Para activar el icono de control de la ventana con el teclado pulsamos la combinación de teclas Alt + Intro.

6. Si deseamos cambiar un nombre a un objeto de la base de datos, ¿desde dónde lo haremos?:

a) Desde el menú *Herramientas*.

b) Desde el menú *Objetos*.

c) Desde el menú *Archivo*.

d) Desde el menú *Editar*.

7. Esta barra de herramientas  es la de:

a) Tablas.

b) Consultas.

c) Informes.

d) Formularios.

8. ¿Cuál es el objeto más importante de la base de datos para acceder a la información?:

a) Tablas.

b) Consultas.

c) Informes.

d) Formularios.

9. ¿Qué nos permite el asistente de base de datos?:

a) Crear una base de datos nueva.

b) Abrir una base de datos existente.

c) Conectarnos con una base de datos existente.

d) Todas son correctas.

10. ¿Cuál es la combinación de teclas para guardar una base de datos?:

a) Mayús + G.

b) Alt + G.

c) Ctrl + G.

d) Ctrl + Mayús + S.

Unidad 2

1. ¿Cuál de los siguientes no es un tipo de datos en Base?

a) Texto [CHAR].
b) Fecha/Hora [TIMESTAMP].
c) Entero [INTERGER].
d) Alfabético [CHAR].

2. Para modificar los registros de una tabla ¿qué vista tenemos que activar?:

a) Vista editar o diseño.
b) Vista abrir o vista de datos.
c) Vista tabla.
d) Ninguna es correcta.

3. De los siguientes tipos de datos, ¿cuál es el que permite introducir un mayor número de caracteres?:

a) Nota [LONGVARCHAR].
b) Texto [VARCHAR].
c) Texto (fijo) [CHAR].
d) Alfanumérico [VARCHAR_IGNORECASE].

4. Para ordenar alfabéticamente los registros de un campo:

a) Nos situaremos en él y pulsaremos el botón Orden ascendente.
b) Nos situaremos en él y pulsaremos el botón Orden descendente.
c) Nos situaremos en cualquier campo y pulsaremos el botón Ordenar.
d) Todas son correctas.

5. ¿Cuál es la combinación de teclas de método abreviado para activar el cuadro de diálogo Buscar registro?:

a) Ctrl + V.
b) Ctrl + G.
c) Ctrl + F.
d) Ninguna es correcta.

6. Teniendo en cuenta el siguiente cuadro de diálogo de la opción *Buscar registros*, ¿qué registros nos visualizaría?:

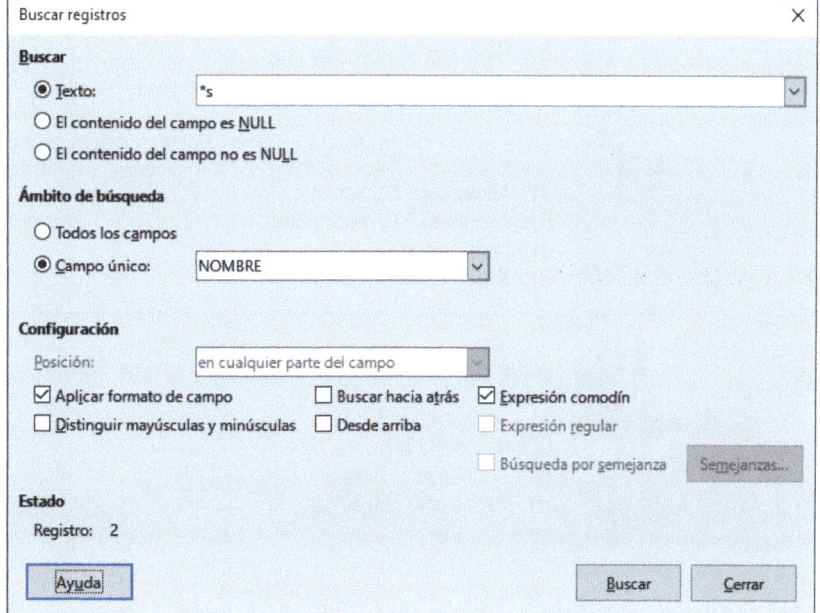

a) Muestra los registros que tengan 2 dígitos en el nombre y que el último sea la letra "s".
b) Muestra los registros cuyo nombre termina por "s".
c) Muestra los registros cuyo nombre empieza por "s".
d) Muestra los registros que terminan en "s", en cualquier campo de la tabla.

7. El botón ⧨ permite:

   a) Restablecer filtro.
   b) Aplicar filtro automático.
   c) Aplicar filtro.
   d) Aplicar filtro estándar.

8. Para aplicar un filtro que nos muestre los registros que no sean de Madrid, utilizamos el siguiente operador en la condición:

   a) = <>.
   b) ><.
   c) <>.
   d) Ninguna es correcta.

9. En la opción Formato de columna podemos aplicar los siguientes formatos:

   a) Alineación del texto.
   b) El número de decimales.
   c) La categoría.
   d) Todas son correctas.

10. ¿Qué formato podemos aplicar en la opción Formato de tabla?:

   a) Tipos de letra.
   b) Alto de la fila.
   c) Ancho de columna.
   d) Todas son correctas.

Unidad 3

1. ¿Qué función posee el campo clave de una tabla?:

a) Hacer que el campo sea obligatorio.
b) Hacer que el campo sea irrepetible.
c) Son correctas a) y b).
d) Ninguna es correcta.

2. ¿Cuántas claves primarias tiene que poseer una tabla?:

a) Al menos una.
b) Dos.
c) Ninguna.
d) Ninguna es correcta.

3. ¿Cuántos índices puede tener una tabla?:

a) Obligatoriamente uno.
b) No puede no tener ninguno.
c) Puede tener todos los que queramos.
d) Ninguna es correcta.

4. Una vez terminada la estructura de una tabla, ¿es posible agregarle nuevos campos?:

a) Solo en vista Hoja de Datos.
b) Nunca, solo será posible agregar y borrar registros.
c) Siempre que entremos en vista Diseño.
d) Siempre. En cualquier vista.

5. ¿Para qué nos sirve relacionar las tablas?:

a) Para evitar duplicidad de información.
b) Para que los datos están más organizados.
c) Para minimizar el riesgo de introducir mal los registros.
d) Todas son correctas.

6. ¿Puede ser obligatorio un campo que no sea la clave primaria?:

a) Sí, gracias a la propiedad *Requerido*.
b) Sí, gracias a la propiedad *Entrada Obligatoria*.
c) Sí, gracias a la propiedad *Valor predeterminado*.
d) Ninguna es correcta.

7. De la siguiente lista, ¿cuál no es un tipo de relación entre tablas?:

a) Uno a uno.
b) Varios a uno.
c) Uno a varios.
d) Varios a varios.

8. Al crear o modificar una relación, en las opciones de actualización, ¿qué opción no existe en el cuadro de diálogo?:

a) *Ninguna acción*.
b) *Actualización en cascada*.
c) *Definir Null*.
d) *Actualizar todo*.

9. Los caracteres 1 - n que se muestran sobre la línea de relación entre dos tablas en LibreOffice Base nos indican que es una relación del tipo:

a) No indica ningún tipo de relación.
b) De uno a varios.
c) De varios a varios.
d) De uno a uno.

10. En Base, una relación es de tipo varios a varios cuando:

a) A cada registro de una tabla le pueden corresponder varios de la otra y viceversa.
b) A cada registro de la tabla principal pueden corresponderle varios de la tabla secundaria, pero no al contrario.
c) Cada registro de la primera tabla solo puede tener un registro coincidente en la segunda tabla y viceversa.
d) Ninguna es correcta.

Unidad 4

1. Cuando creamos una consulta con parámetros, el parámetro no puede contener:

a) Espacio.
b) !
c) @
d) Todas son correctas.

2. La expresión *Between 30 and 35* nos dará como resultado los valores:

a) 30.
b) 35.
c) 30,31,32,33,34 y 35.
d) 31,32,33 y 34.

3. ¿Cuántos comodines existen en el criterio de una consulta?:

a) Uno.
b) Dos.
c) Tres.
d) Cuatro.

4. ¿Qué sucede al pulsar la tecla de función F5?:

a) Guardamos una consulta.
b) Ejecutamos una consulta.
c) Eliminamos una consulta.
d) Cerramos una consulta.

5. ¿Qué término no tiene relación con las consultas?:

a) Parámetro.
b) Suma.
c) Campo calculado.
d) Todos lo tienen.

6. En un campo de tipo Sí/No, ¿qué expresión utilizaremos en una consulta si deseamos mostrar los registros que tengan un *Sí* en ese campo?:

a) True.
b) Verdadero.
c) Sí.
d) Todas son correctas.

7. ¿Qué resultado nos dará la expresión *LIKE 'g?ve'* como criterio de una consulta?:

a) Give.
b) Gisve.
c) Gasven.
d) Gisven.

8. Si deseamos mostrar los registros de un campo que este vacío, ¿qué expresión utilizaremos?:

a) *In.*
b) *Like.*
c) *False.*
d) *Is Empty.*

9. El botón nos permite:

a) Añadir una consulta.
b) Cambiar el nombre de la consulta.
c) Eliminar la consulta.
d) Crear la consulta en vista diseño.

10. Una vez eliminada, ¿qué hay que hacer para recuperarla?:

a) Pulsamos la combinación de teclas CTRL + Z.
b) Seleccionamos la opción de Deshacer.
c) La podemos recuperar en la papelera de reciclaje.
d) No se puede recuperar.

Unidad 5

1. El control cuyo origen de datos son campos de una tabla o consulta se denomina:

a) Control dependiente.
b) Control independiente.
c) Control calculado.
d) Control externo.

2. ¿Para qué sirve el *Navegador de formularios*?:

a) Para desplazar los controles en pantalla.
b) Para seleccionar los controles.
c) Para movernos de un control a otro.
d) Para crear nuevos controles.

3. Al generar un formulario con subformulario, la relación de uno la tiene:

a) El subformulario.
b) El formulario principal
c) Son correctas a) y b).
d) Ninguna es correcta.

4. ¿Qué necesitamos para crear un formulario con subformulario, con dos tablas, en la vista diseño?:

a) Crear una consulta con los campos de las dos tablas.
b) Crear una consulta con los campos de la tabla que tiene la relación de varios.
c) Crear una consulta con los campos de la tabla que tiene la relación de uno.
d) Ninguna es correcta.

5. El control de la barra de herramientas de *Controles del formulario* nos permite:

a) Insertar una imagen que varía para cada registro de la tabla.
b) Realizar un dibujo.
c) Acceder a las propiedades del control.
d) Insertar una imagen fija en el formulario

6. Para insertar un rectángulo en la vista diseño del formulario, lo haremos a través de:

a) La barra de herramientas de controles formulario.
b) La barra de herramientas de diseño del formulario.
c) La barra de herramientas de dibujo.
d) La barra de herramientas de insertar objeto.

7. El botón :

a) Elimina registros.
b) Añade registros.
c) Modifica registros.
d) Ninguna es correcta

8. Si hemos eliminado un formulario, ¿podremos recuperarlo?:

a) Desde la papelera de reciclaje.
b) Pulsando en el botón *Deshacer*.
c) Pulsando en el botón *Rehacer*.
d) No se puede recuperar.

9. Cuando copiamos un formulario, podemos escoger entre:

a) Anexar datos.
b) Copiar el diseño del formulario y los datos.
c) Copiar solo los datos.
d) Ninguna es correcta

10. Para crear, en la vista diseño del formulario, un formulario con subformulario, ¿qué control es el que nos permite insertar el subformulario?:

a) Control *Cuadro combinado*.
b) Control *Cuadro texto*.
c) Control *Subformulario*.
d) Control *Tabla*.

Unidad 6

1. ¿Qué son los informes?:

a) Un diseño que nos permite imprimir los datos de una o varias tablas o consultas.
b) Herramientas que se utilizan para ingresar datos en una base de datos.
c) Peticiones de información a una base de datos.
d) Ninguna es correcta.

2. Los modos en los que podemos visualizar un informe son:

a) Vista informe.
b) Previsualización de la impresión.
c) Vista diseño.
d) Todas son correctas.

3. ¿Qué tipo de informe representa esta imagen?:

Fecha_Nacimiento 1900	
Apellidos	**Nombre**
VISO GILABERT	QUERALT
Fecha_Nacimiento 1958	
Apellidos	**Nombre**
ANGUERA VILAFRANCA	JOSEP
Fecha_Nacimiento 1964	
Apellidos	**Nombre**
AROCAS PASADAS	ESTEFANIA
BASTARDES SOTO	MARC
Fecha_Nacimiento 1965	
Apellidos	**Nombre**
BAEZ TEJADO	JOAN
Fecha_Nacimiento 1966	
Apellidos	**Nombre**
VALLÉS GIRVENT	LAURA
Fecha_Nacimiento 1967	

a) Un informe agrupado por los apellidos.
b) Un informe agrupado por la fecha de nacimiento.
c) Un informe agrupado por el nombre.
d) Un informe sin agrupar.

4. ¿Qué combinación de teclas podemos emplear para imprimir un informe desde Base?:

a) Ctrl + P.
b) Ctrl + I.
c) Alt + P.
d) Alt + I

5. ¿Cómo podemos eliminar un informe?:

a) Seleccionando la opción *Eliminar* en el menú *Editar*.
b) Pulsando la tecla Supr.
c) Seleccionando la opción *Eliminar* en el menú contextual.
d) Todas son correctas.

6. ¿Cómo podemos modificar un informe?:

a) Para modificar un informe nos situamos sobre él, estando el apartado *Informes*, pulsamos el botón derecho del ratón y seleccionamos la opción *Abrir*.
b) Para modificar un informe nos situamos sobre él, estando el apartado *Informes*, pulsamos el botón derecho del ratón y seleccionamos la opción *Editar*.
c) Para modificar un informe nos situamos sobre él, estando el apartado *Informes*, pulsamos el botón derecho del ratón y seleccionamos la opción *Base de datos/Configuración avanzada*.
d) Ninguna es correcta.

7. Si eliminamos un campo de un informe:

a) Se borrarán los datos de la tabla.
b) Se borrará ese campo de la tabla.
c) No se mostrará en el informe la información relativa a ese campo.
d) Ninguna es correcta.

8. ¿Cómo podemos personalizar en Base el formato de página?:

a) Cambiando el tamaño de la hoja.
b) Aplicando formato a los caracteres.
c) Aplicando formato al párrafo.
d) Insertando controles.

9. ¿Cómo podemos crear un informe con subinforme?:

a) A través del asistente para informes, en el cuarto paso.
b) Tenemos que crear una consulta con los campos del formulario principal y subformulario y basar el informe en esa consulta.
c) A través de la vista diseño, insertando los campos del informe principal y añadiendo el control *Tabla* para insertar los datos del subinforme.
d) Ninguna es correcta.

10. Los informes que se crean con la vista diseño por defecto son:

a) Estáticos.
b) Activos.
c) Dinámicos.
d) Pasivos.

Final

1. Para la representación de datos en forma impresa, ¿qué objeto se utiliza?:

a) Tabla.
b) Consulta.
c) Formulario.
d) Informe.

2. ¿En qué objeto de la base de datos se almacenan los registros?:

a) Tabla.
b) Consulta.
c) Informe.
d) Formulario.

3. ¿Qué es una clave principal?:

a) Una clave principal identifica exclusivamente cada registro almacenado en la tabla.
b) Una clave principal no permite duplicar registros en una tabla.
c) Las dos anteriores son correctas.
d) Ninguna de las anteriores es cierta

4. En la base de datos *VideoClub*, al crear el campo *Fecha alquiler* de la tabla *Alquiler*, se ha activado *SÍ* en la propiedad *Entrada obligatoria*, ¿qué conlleva esto?:

a) Una entrada de ese campo puede quedar en blanco.
b) Pasar al siguiente registro, aunque no se haya rellenado nada en ese campo.
c) Obligatoriamente hay que introducir datos en ese campo.
d) Se ordenarán los registros según el orden de entrada.

5. Los informes dinámicos:

a) Siempre nos muestra los datos actualizados.
b) Nos muestra los datos que hay en el momento que se genera el informe.
c) Al visualizar el informe nos pregunta si deseamos o no ver los datos actualizados.
d) No existen en Base.

6. ¿Por qué símbolo comienza una consulta con parámetros en el criterio?:

a) :
b) =
c) ,
d) *.

7. ¿Cuáles son, por defecto, las secciones del informe al crearlo con el asistente?:

a) Cabecera de informe, detalle y pie de página.
b) Cabecera de informe, detalle y pie de informe.
c) Cabecera de página, detalle y pie de página.
d) Cabecera y pie de página, cabecera y detalle.

8. Si deseamos que una imagen aparezca solo al principio del informe, ¿en qué sección insertaremos el control imagen?:

a) Detalle.
b) Cabecera de página.
c) Cabecera de informe.
d) Pie de página.

9. En los informes podemos crear:

a) Controles dependientes.
b) Controles independientes.
c) Controles calculados.
d) Todas son correctas.

10. Tenemos un informe agrupado y queremos obtener debajo de cada grupo la suma del mismo, ¿dónde insertaremos el control?:

a) Cabecera de grupo.
b) Cabecera del informe.
c) Pie del grupo.
d) Pie del informe.

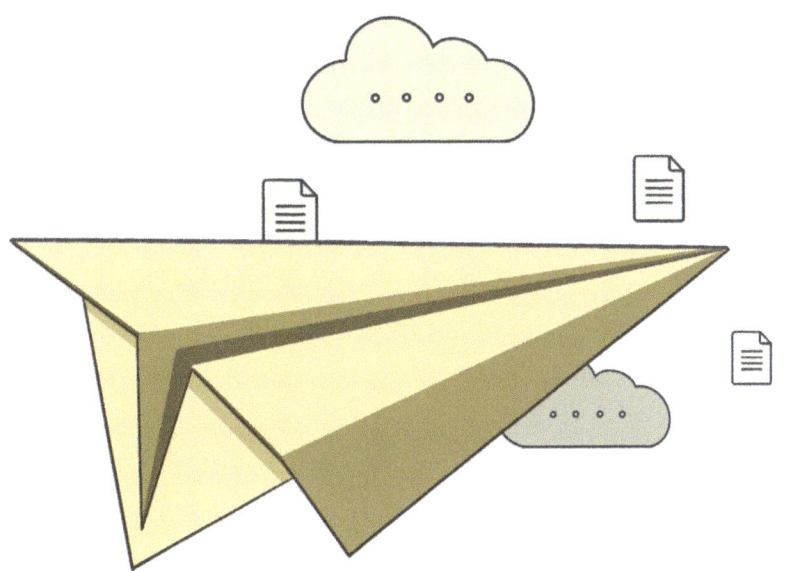

Unidad 1

1. *c)* Una base de datos no puede guardar todo tipo de datos.

2. *b)* Una base de datos no puede relacionar tablas.

3. *b)* Una base de datos no puede presentar los datos de forma atractiva y práctica.

4. *a)* En la parte superior izquierda podemos encontrar la barra de estado.

5. *b)* Para activar el icono de control de la ventana con el teclado pulsamos la combinación de teclas Alt + barra espaciadora.

6. *d)* Desde el menú Editar.

7. *c)* Informes.

8. *b)* Consultas.

9. *d)* Todas son correctas.

10. *c)* Ctrl + G.

Unidad 2

----

1. *d)* *Alfabético [Char]*

2. *b)* *Vista abrir o vista de datos.*

3. *a)* *Nota [LONGVARCHAR].*

4. *d)* *Todas son correctas.*

5. *c)* *Ctrl+F.*

6. *b)* *Muestra los registros cuyo nombre termina en "s".*

7. *a)* *Restablecer filtro.*

8. *c)* *<>*

9. *d)* *Todas son correctas.*

10. *a)* *Tipos de letra.*

Unidad 3

1. *c)* *Son correctas a) y b).*

2. *d)* *Ninguna es correcta.*

3. *c)* *Puede tener todos los que queramos.*

4. *c)* *Siempre que entremos en vista Diseño.*

5. *d)* *Todas son correctas.*

6. *b)* *Sí, gracias a la propiedad "Entrada obligatoria".*

7. *b)* *Varios a Uno.*

8. *d)* *Actualizar todo.*

9. *b)* *Indica un tipo de relación de uno a varios.*

10. *a)* *A cada registro de una tabla le pueden corresponder varios de la otra y viceversa.*

Unidad 4

1. *d)* *Todas son correctas.*

2. *c)* *30,31,32,33,34 y 35.*

3. *b)* *Dos.*

4. *b)* *Ejecutamos una consulta.*

5. *d)* *Todos lo tienen.*

6. *a)* *True.*

7. *a)* *give.*

8. *d)* *Is Empty.*

9. *c)* *Eliminar consulta.*

10. *d)* *No se puede recuperar.*

Unidad 5

----

1. *a)* *Control dependiente.*

2. *b)* *Para seleccionar los controles.*

3. *b)* *El formulario principal.*

4. *a)* *Crear una consulta con los campos de las dos tablas.*

5. *d)* *Insertar una imagen fija en el formulario.*

6. *c)* *La barra de herramientas de dibujo.*

7. *a)* *Eliminar registros.*

8. *d)* *No se puede recuperar.*

9. *d)* *Ninguna es correcta.*

10. *d)* *Control Tabla.*

Unidad 6

1. a) *Un diseño que nos permite imprimir los datos de una o varias tablas o consultas.*

2. d) *Todas son correctas.*

3. b) *Un informe agrupado por la fecha de nacimiento.*

4. a) *Ctrl+P.*

5. d) *Todas son correctas.*

6. b) *Para modificar un informe nos situamos sobre él, estando el apartado Informes, pulsamos el botón derecho del ratón y seleccionamos la opción Editar.*

7. c) *No se mostrará en el informe la información relativa a ese campo.*

8. a) *Cambiando el tamaño de la hoja.*

9. b) *Tenemos que crear una consulta con los campos del formulario principal y subformulario y basar el informe en esa consulta.*

10. c) *Dinámicos.*

Final

---

1. *d)* Informe.

2. *a)* Tabla.

3. *a)* Una clave principal identifica exclusivamente cada registro almacenado en la tabla.

4. *c)* Obligatoriamente tengo que introducir datos en ese campo.

5. *a)* Siempre muestra los datos actualizados.

6. *a)* :

7. *d)* Cabecera y pie de página, cabecera y detalle.

8. *c)* Cabecera de informe.

9. *d)* Todas son correctas.

10. *c)* Pie del grupo.

GLOSARIO

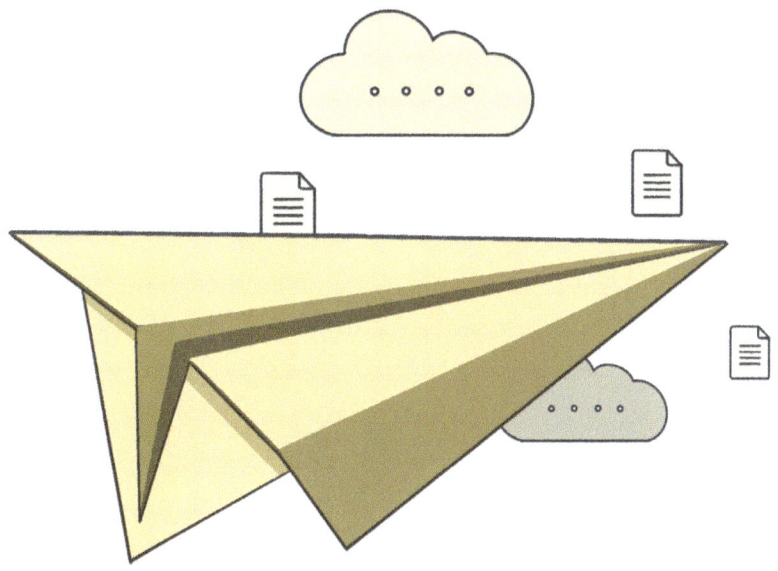

Asistente	Es una serie de cuadros de diálogo que lo guían por el proceso de realización de una tarea complicada.

Base de datos	Conjunto de datos organizados y relacionados entre sí.
Barra de herramientas	Franja de botones que generalmente aparece en la parte superior de la ventana de aplicación, justo debajo de la barra de menús.

Campo	Unidad básica de una base de datos, un campo puede ser, por ejemplo, el nombre de una persona.
Campo calculado	Un campo definido en una consulta, informe o formulario, que muestra el resultado de una expresión en lugar de mostrar datos almacenados. El valor se vuelve a calcular cada vez que cambia un valor de la expresión.
Consulta	Conjunto de instrucciones que indican a la aplicación los datos que va a extraer de una base de datos, además de cómo ordenarlos y organizarlos.
Control	Objeto gráfico de un formulario o informe de la base de datos que permite a un usuario introducir o desplegar datos, así como ejecutar un comando. Entre los controles comunes se incluyen los cuadros de texto, los botones de opción y las casillas de verificación.
Criterio de consulta	Situación que se cumple para conjunto de registros que se desean consultar.
Cuadro combinado	Un control usado en un formulario que proporciona la funcionalidad combinada de un cuadro de lista y un cuadro de texto. Puede escribir un valor en un cuadro combinado o hacer clic en el control para mostrar una lista y, después, seleccionar un elemento de esa lista.

Filtrar automático	Filtra los registros en un formulario, tabla o consulta en el que solo se recuperan los registros que contienen el valor seleccionado.
Filtro	Conjunto de criterios aplicados a los datos para mostrar un subconjunto de los datos u ordenarlos.
Formulario	Un objeto de base de datos en el que se coloca controles para realizar acciones o para escribir, mostrar y editar datos en campos.

I

| **Informe** | Objeto de la base de datos que extrae datos de una o más tablas o consultas, que organiza los datos de manera atractiva en una página y (opcionalmente) realiza cálculos sobre los datos. Por lo general, los informes se utilizan para analizar datos y presentarlos con un formato que les dé mayor significado. |

L

| **Llave primaria** | Un campo que identifica de forma única a cada fila de una tabla. |

R

| **Registro** | Son las filas en que se divide la tabla. |

S

| **Sección Detalle** | Se usa para contener el cuerpo principal de un informe. Esta sección suele contener controles enlazados a los campos del origen de registros, pero también puede contener controles independientes, como etiquetas que identifican el contenido de un campo. |

T

| **Tabla** | Objeto de la base de datos donde se almacena información. |

V

| **Vista diseño** | Es la vista que muestra el diseño de los objetos de base de datos: tablas, consultas, formularios e informes. En la vista diseño, se puede modificar el diseño de objetos existentes. |

BIBLIOGRAFÍA
WEBGRAFÍA

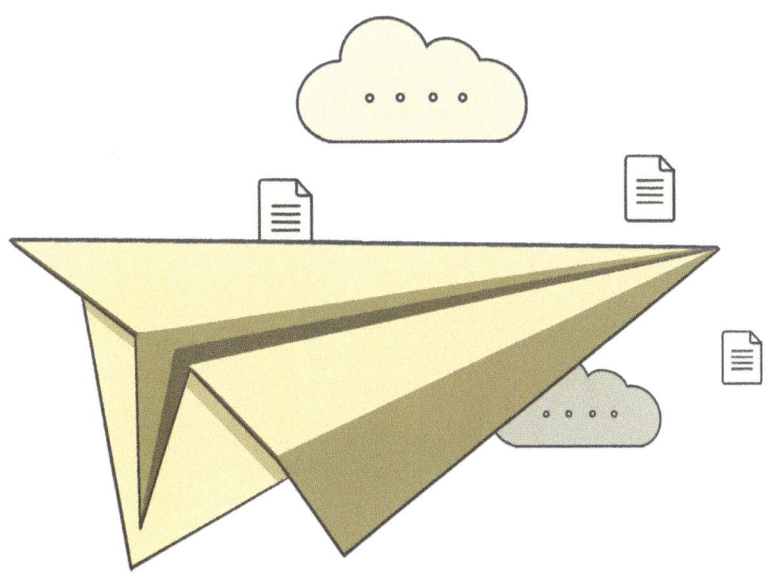

Bibliografía

- Ladrón de Guevara, Miguel Angel. UF0322 *Aplicaciones informáticas de bases de datos relacionales*, 2022, Editorial Tutor Formacion (Logroño).

Webgrafía

- Portal web oficial de LibreOffice con información actualizada sobre la aplicación de Base:

  https://es.libreoffice.org/descubre/base/

- Portal web de LibreOffice en el que se puede encontrar una guía de Base en formato .PDF y .ODT:

  https://documentation.libreoffice.org/es/documentacion-en-espanol/base/

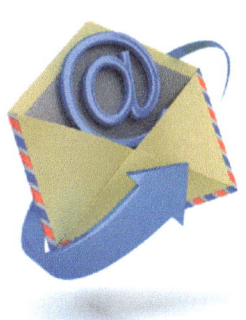